¡Sed adoradores del único y verd[...] puesto en vuestra existencia! La [...] hombre. Desgraciadamente hay gen[...] en prácticas religiosas incompatibles con la fe cristiana. Es fuerte el impulso de creer en los falsos mitos del éxito y del poder; es peligroso abrazar conceptos evanescentes de lo sagrado que presentan a Dios bajo la forma de energía cósmica, o de otras maneras no concordes con la doctrina católica.

¡Jóvenes, no creáis en falaces ilusiones y modas efímeras que no pocas veces dejan un trágico vacío espiritual! Rechazad las seducciones del dinero, del consumismo y de la violencia solapada que a veces ejercen los medios de comunicación.

La adoración del Dios verdadero constituye un auténtico acto de resistencia contra toda forma de idolatría. Adorad a Cristo: Él es la Roca sobre la que construir vuestro futuro y un mundo más justo y solidario. Jesús es el Príncipe de la paz, la fuente del perdón y de la reconciliación, que puede hacer hermanos a todos los miembros de la familia humana…

Extracto del mensaje del Santo Padre Juan Pablo II para la XX Jornada Mundial de la Juventud

GUARDIANES FORJADOS POR LA LUZ

Practicando el Camino de la Verdad para una Espiritualidad Emocionalmente Sana

PRÓLOGO

¡Paz y alegría, en Jesús y María!

En el delicado equilibrio entre fe y razón, donde se levanta tantas preguntas sobre la existencia de Dios, la veracidad de su Palabra y sus promesas, también surgen diferentes posturas sobre la existencia y acción del adversario de Dios y del hombre: el Diablo. Para algunas personas sigue siendo un ser maligno, real; para otras, se interpreta como el mal inseparable a la condición humana, a la vida misma, mientras que para otras puede ser tan solo un símbolo de la rebelión contra las normas, un mero mito o una invención de la Iglesia para asustar.

Este libro que tienes a tu alcance es una llamada de atención, pensada y actualizada para —aunque no exclusivamente— la llamada "generación z", también conocidos como "zoomers" o "centennials". Es la cohorte demográfica que sigue a los millennials y precede a los "gen alpha" y que abarca generalmente a los nacidos entre mediados o finales de la década de 1990 y finales de los 2000 o principios de 2010.

La persona de Jesucristo se nos presenta en la Biblia como el Alfa y el Omega, simbolizando su autoridad y naturaleza eterna, el inicio y el cumplimiento de la creación y el plan de salvación de Dios: "Yo soy el Alfa y el Omega, el principio y el fin, dice el Señor, el que es y que era y que ha de venir, el Todopoderoso" (Apocalipsis 1, 8). El Diablo, inicialmente llamado Lucifer, fue un ángel rebelde que, por su orgullo, deseó ocupar el lugar que sólo le pertenece a Dios, lo que provocó su caída del cielo (cf. Isaías 14, 12-14; Ezequiel 28, 15; 2 Tesalonicenses 2, 4).

Es la serpiente del Edén que engañó y tentó a Eva para que Adán y ella desobedecieran a Dios y comieran del fruto prohibido (cf. Génesis 3, 1-7). Después de la caída de nuestros primeros padres, toda la humanidad heredó el pecado original —y su principal consecuencia, que es la muerte— por desobediencia a la Voluntad Divina. El Evangelio llama a este enemigo "padre de la mentira" (Juan 8, 44), "ladrón, que sólo viene para hurtar, matar y destruir" (Juan 10, 10). Tuvo el atrevimiento de tentar a Jesús: "Entonces fue llevado por el Espíritu al desierto, para ser tentado por el diablo. Y después de haber ayunado cuarenta días y cuarenta noches tuvo hambre" (Mateo 4, 1).

Al autor de tantos males, la Biblia lo nombra con varios nombres:

- Satanás (cf. Mateo 4, 3; Apocalipsis 12, 9; 2 Corintios 11, 14) que significa "adversario".
- Diablo (cf. 1Juan 3, 8; Apocalipsis 20, 10) que quiere decir "falso acusador".
- Lucifer (cf. Isaías 14, 12) que hace referencia al "portador de la luz", "Luzbel", o "lucero de la mañana", el que era el más bello de los ángeles.

Entre otras figuras malignas, la Escritura también menciona a:

- Belcebú (Mateo 12, 24; Marcos 3, 22).
- Leviatán (Job 41, Salmo 74, 14; Isaías 27, 1).
- Abadón (Job 26, 6; Salmo 88, 11; Apocalipsis 9, 11).
- Mammón (Mateo 6, 24; Lucas 16, 9).
- Asmodeo (Tobías 3, 8).
- Belfegor o Baal (Deuteronomio 4, 3; Números 25; Salmo 106, 28-33; 1 Corintio 10, 8).

Hay muchos otros textos en la Biblia donde se habla de las acciones del Maligno; pero San Juan afirma como Palabra y autoridad de Cristo, que el Diablo no tiene la última palabra: "Ahora es el juicio de este mundo; ahora el príncipe de este mundo será echado fuera" (Juan 12, 31). Y no habrá otro nombre o gobernante que pueda enderezar, liberar, restaurar e instaurar un nuevo orden mundial que Cristo. "Porque no hay otro nombre bajo el cielo dado a los hombres, en que podamos ser salvos" (Hechos 4, 12). Para eso el Verbo de Dios, Jesucristo, verdadero Dios y verdadero hombre, vino en el tiempo señalado: para derrotar al adversario y devolvernos la vida eterna.

Esta obra, realizada por HolSpiNet y en sintonía con lo que viven los jóvenes de esta generación, pretende abrir los ojos de la juventud de hoy sobre la forma en la cual el Maligno incursiona, de diversas acciones y utilizando una variedad de medios al alcance de los niños y adolescentes, sin excluir a millones de seres humanos que están a merced de las infestaciones maléficas. El Papa Francisco, de feliz memoria, no se cansó de recordarnos la existencia y la acción del Maligno (aconsejo la lectura del artículo de Aciprensa "10 ocasiones en que el Papa Francisco dijo que el diablo sí existe"). En una de esas oportunidades proponía: "Estén atentos. Con el diablo no debemos conversar, y con la tentación no debemos dialogar. No debemos conversar. La tentación llega: cerremos la puerta, guardemos el corazón. Es capaz de disfrazar el mal bajo una invisible máscara de bien. Por eso hay que estar siempre alerta, cerrando inmediatamente el más mínimo resquicio cuando intenta penetrar en nosotros" (Audiencia General, 27/12/2023).

Recomiendo esta obra, invitándote querido lector, a que explores sus páginas, que te ayudarán no sólo a comprender mejor la acción del diablo en el mundo y en las almas, también fortalecerá tu fe y te dará herramientas para resistir a las acechanzas del Malo, para así disfrutar de la vida en abundancia que Dios nos ofrece en su hijo amado Jesucristo.

Padre Teófilo Rodríguez

ÍNDICE

PREFACIO - SE REQUIERE VALOR PARA SER FORJADO POR LA LUZ

La guerra que no elegiste

Hay una batalla más antigua que el tiempo. Y tú, en este mismo instante, has nacido en medio de ella. Sus ecos retumban en el cine, los videojuegos, las redes sociales y las conversaciones que te rodean. Es la lucha épica entre la luz y la oscuridad, y te fascina, porque tu alma reconoce la grandeza para la que fue creada.

Pero la versión de esta guerra que te cuenta el mundo es una propaganda diseñada para debilitarte. Te arrastra a un conflicto donde las batallas más feroces no se libran contra monstruos externos, sino dentro de tu propia mente, tu corazón y tus decisiones. Te presenta la rebelión como si fuera libertad, la duda como el fin de la fe, y la pureza como una meta imposible. Te muestra los pecados de los hombres en la Iglesia y te susurra que abandones la nave en plena tormenta. Y en la confusión más moderna, te susurra que tu verdad más profunda, tu propia identidad, no es un regalo por descubrir, sino una elección a inventar.

La verdad desde la Forja del Rey

Esa historia es la mentira más peligrosa del enemigo. Y este libro es el fuego de la forja donde esa mentira se consume y la verdad te hace libre.

"Guardianes forjados por la Luz" no es una novela de terror. Es un manual de campo para el alma de un guerrero. La información que encontrarás aquí no proviene de la imaginación de un guionista, sino de la sabiduría de dos mil años de experiencia, oración, lucha y victoria de la Institución más experta en este campo de batalla: la **Iglesia Católica**. Su misión no es enseñarte a temer a la oscuridad, sino a convertirte en una fuente de Luz tan intensa que la oscuridad retroceda ante ti.

Una llamada al yunque

En estas páginas no solo desenmascararás las tácticas del enemigo, desde la simple tentación hasta sus ataques más extraordinarios. También te adentrarás con valentía en los campos de batalla de tu propia vida: **la lucha contra la rebelión, el desafío de la duda, la batalla por la pureza en cuerpo y alma, la dolorosa prueba del escándalo y la confusión sobre nuestro propio ser a la luz del Blueprint Divino de Dios**.

Este libro te mostrará cómo ser forjado, no quebrado, por las pruebas de la vida. Aprenderás a descubrir el arsenal divino que ya te fue entregado y a permitir que la Luz de Cristo te moldee, te fortalezca y te convierta en un arma para su Reino. Porque ese es tu llamado. No has sido creado para ser una víctima, sino un protagonista. Y para ello, se requiere valor.

Dios no nos ha dado un espíritu de cobardía, sino de poder, de amor y de dominio propio *(cf. 2 Timoteo 1, 7)*.

Si estás listo para permitir que la Luz te forje en el Guardián que estás llamado a ser, pasa la página. El entrenamiento está por comenzar.

PARTE I - EL GRAN "SPOILER" DE LA HISTORIA

CAPÍTULO 1 - ANTES DE EMPEZAR: ¡NO TENGAS MIEDO!

¡Bienvenido, Guardián!

Si tienes este libro en tus manos (o en tu pantalla), es porque eres de los valientes. Sí, has leído bien. Se necesita valor para mirar más allá de lo evidente, para hacer las preguntas que muchos esquivan y para no conformarse con las respuestas fáciles que te da el mundo. El tema de los demonios, del mal, de la batalla espiritual es un territorio que fascina y, seamos sinceros, puede erizar la piel.

Vemos sus sombras en las películas de terror, escuchamos susurros de su influencia en leyendas urbanas y, a veces, sentimos el peso de la oscuridad en las noticias o incluso en nuestros propios corazones. Es un tema que atrae como un abismo. Pero antes de dar un solo paso más, necesito que te detengas y escuches la verdad más importante, el spoiler definitivo que cambia todas las reglas del juego, el titular de neón que ilumina toda la historia de la humanidad: **¡YA GANAMOS!**

Así de simple. Así de poderoso. Antes de que el primer demonio susurrara la primera mentira, la Victoria ya tenía un nombre: **Jesucristo**. La batalla final ya fue librada, no en un campo de batalla oscuro y lleno de efectos especiales, sino en la madera de una Cruz y en el silencio de una tumba vacía. El Rey del Universo descendió al corazón de las tinieblas y las hizo añicos. Salió victorioso, no con una espada de acero, sino con la fuerza invencible del **Amor**. Le robó al enemigo las llaves de la muerte y de su dominio *(cf. Apocalipsis 1, 18)* y ahora, esas llaves le pertenecen a Él. Y a ti, por ser suyo.

¿Por qué hablar de esto entonces?

Entonces, te preguntarás: "Ok, genial, pero si ya ganamos, ¿para qué leer un libro sobre el perdedor?"

Imagina que eres el capitán del mejor equipo del universo. Tu Entrenador, que es invencible, ya te ha asegurado la victoria en el campeonato. Pero todavía tienes que jugar los partidos de la temporada. ¿Acaso no te interesaría conocer las tácticas del equipo contrario? ¿No querrías estudiar sus jugadas, saber cómo intentan engañar a tu defensa, cuáles son sus trucos sucios para intentar que pierdas la concentración y la confianza?

Conocer al enemigo no es para glorificarlo ni para tenerle miedo. ¡Jamás! Es para que no te tome por sorpresa. Es para que cuando veas venir una de sus jugadas —una tentación disfrazada de algo bueno, una mentira que suena a verdad, una invitación a la desesperanza— puedas sonreír, reconocer la vieja y patética táctica, y seguir adelante con la certeza de quien juega en el equipo ganador. El Apóstol Pedro, uno de los capitanes más rudos de nuestro equipo, nos lo advirtió: el enemigo ronda como un león rugiente, buscando a quién devorar. Pero fíjate en el truco: ¡ronda y ruge! Intenta asustar. Su mayor poder es el engaño, hacerte creer que su rugido es más fuerte que la voz de tu Pastor, que **te llama por tu nombre** *(cf. Juan 10, 3).*

Una invitación a la confianza

Este libro no es un manual de terror. Es un manual de inteligencia militar para el ejército de la Luz. No vamos a perder el tiempo temblando en un rincón. Vamos a encender la luz de la verdad, que es la única que hace correr a las cucarachas. Vamos a desmontar al enemigo, a quitarle sus máscaras y a reírnos de su debilidad frente al poder de Dios.

Te hago una invitación. Lee estas páginas no con el corazón encogido, sino con la cabeza en alto. Porque Aquel que está contigo es infinitamente más grande que el que está en el mundo *(cf. 1 Juan 4, 4)*. Estás sellado, protegido y amado por el Creador del cosmos. **Eres un portador de la Luz.**

Así que ajusta tu armadura, respira hondo el aire de la victoria de Cristo y adéntrate conmigo en este campo de entrenamiento. No para aprender a temer a la oscuridad, sino para convertirte en un experto en la Luz.

La aventura comienza ahora. Y la primera regla es: ¡**NO TENGAS MIEDO**!

CAPÍTULO 2 - EL ORIGEN DEL VILLANO: ¿DE DÓNDE SALIÓ EL MAL?

Para entender la historia de cualquier conflicto, tienes que ir al principio. No al primer golpe, sino al primer pensamiento que lo desató. Nuestra historia no comienza en la oscuridad, sino en una explosión de luz, creatividad y amor tan intensa que escapa a nuestra imaginación. Es la historia de un Artista, el más grande de todos: **nuestro Padre Dios**.

El "Código Fuente" original: todo era bueno

Antes de que el tiempo tuviera un reloj, antes de que existieran las galaxias, los videojuegos o tu playlist favorita, **Dios creó.** Y todo lo que salía de sus "manos" era impecable. Era más que bueno; era un reflejo de su propia belleza y poder. En este acto de creación magistral, surgieron los ángeles.

Imagina seres de pura energía, de inteligencia deslumbrante y de voluntad libre. No eran robots programados para adorar, sino espíritus poderosos, llamas vivientes creadas para participar en la sinfonía cósmica de Dios. Su "trabajo" era ser mensajeros, guardianes y adoradores, vivir en la luz directa de su Creador, una existencia de éxtasis y propósito absolutos. Entre ellos había jerarquías, coros, funciones... una sociedad celestial perfecta y vibrante. Uno de los más brillantes, lleno de sabiduría y de perfecta hermosura, era conocido como Lucifer, que significa "Portador de la Luz" *(cf. Ezequiel 28, 12-15)*. Era una obra maestra.

La gran decisión: el "Bug" que corrompió el sistema

Pero recuerda, no eran robots. Eran libres. La libertad es el regalo más increíble y a la vez el más arriesgado del Creador. Es la única que permite el amor verdadero. Y en un momento que la historia no registra pero que el universo entero sintió, se les presentó una prueba, una decisión fundamental. La esencia de esa prueba fue esta: ¿Servirás al Plan de Amor de tu Creador, un plan que quizás no comprendes del todo pero que nace del Amor mismo, o te servirás a ti mismo?

Fue aquí donde se introdujo el "bug" en el sistema. Lucifer, el Portador de la Luz, en un acto de soberbia cósmica, se miró a sí mismo y se enamoró de su propio reflejo. Su inteligencia se convirtió en su trampa. En lugar de reflejar la luz de Dios, quiso ser la fuente de su propia luz. Su grito de batalla resonó en los cielos: "Non serviam" No serviré. Quiso poner su trono por encima del de Dios, ser el centro de su propio universo *(cf. Isaías 14, 13-14)*.

Fue la elección más estúpida y trágica de toda la creación. Al rechazar a Dios, que es la fuente de toda luz, vida y alegría, se desconectó a sí mismo. Se convirtió en una contradicción andante: un ser creado para la luz, que eligió la oscuridad; un ser creado para el amor, que se ahogó en su propio ego. Junto a él, una parte de los ángeles, engañados por su carisma y su mentira, tomaron la misma decisión fatal.

Definiendo al enemigo: ¿Qué es un demonio?

No es un "anti-dios"

Un demonio no es un **"anti-dios"** rojo con cuernos y tridente que gobierna un reino rival. ¡Eso es mitología barata! Un demonio es, simple y trágicamente, un ángel caído. Es una criatura, no el Creador. Es un ser que tenía un potencial glorioso y lo tiró a la basura por **orgullo**.

Poder limitado

Su poder no es infinito. Su inteligencia, aunque vasta, está ahora retorcida por **el odio y la envidia**. Su existencia es una eterna frustración, porque saben lo que perdieron y no pueden recuperarlo.

Hackers destructivos

Son como hackers geniales que ahora solo usan su talento para crear virus y corromper archivos, porque ya no saben construir nada bueno. Su única "alegría" es intentar arrastrar a otros a su misma miseria, especialmente a nosotros, los seres humanos, creados a imagen y semejanza de Dios y amados por Él de una manera que ellos nunca pudieron soportar.

Los "Nombres en Clave" del villano

En el campo de batalla, conocer los alias del enemigo te da una ventaja. La Biblia nos da varios, y cada uno revela una de sus tácticas:

Padre de la mentira

Jesús le dio este título. Es su esencia. El engaño es su arma principal, desde el jardín del Edén hasta el último de tus días. Te presenta **el mal como si fuera bueno y lo bueno como aburrido o restrictivo** *(cf. Juan 8, 44)*.

Diablo: "El que divide"

Su misión es romperlo todo: amistades, familias, tu relación con Dios, tu paz interior. Siembra discordia, chismes, desconfianza *(cf. Romanos 16, 17-18)*.

Satanás: "El Acusador"

Su especialidad es recordarte tus errores, susurrarte que no vales nada, que eres un fraude y que Dios está decepcionado de ti. Es el fiscal que te acusa día y noche ante Dios, pero olvida que tenemos un Abogado Defensor invencible: **Jesucristo** *(cf. Apocalipsis 12, 10)*.

Entender su origen no es para empatizar con él. Es para comprender su tragedia y su debilidad. El villano de esta historia no es un rey poderoso, sino un traidor derrotado, un ser lleno de luz que eligió ser una sombra. Y las sombras, por muy grandes y aterradoras que parezcan, siempre, siempre desaparecen cuando llega la verdadera Luz.

PREGUNTAS PARA EL GUARDIÁN EN ENTRENAMIENTO

Has completado la primera fase de tu instrucción. Has recibido el informe de inteligencia sobre el origen del conflicto y la garantía de nuestra victoria. Ahora, es momento de que el guardián mire hacia adentro. Tómate un momento en silencio y responde con honestidad a estas preguntas en tu corazón o en un diario.

1. El Mapa de la Guerra: Sinceramente, antes de leer estos capítulos, ¿tu idea de la lucha espiritual se parecía más a una película de superhéroes, con dos fuerzas casi iguales en poder, o a la verdad de la fe, donde la victoria de la Luz ya está garantizada por Cristo? ¿Cómo cambia tu forma de ver la batalla saber que juegas en el equipo que ya ha ganado el campeonato?

2. El Eco del "Non Serviam": El pecado original del enemigo fue un "No serviré" nacido del orgullo. ¿En qué áreas concretas de tu vida (tu familia, tus estudios, tus amistades, tus pasiones) tu actitud se parece más a un "no serviré a nadie más que a mí mismo" que a un "Señor, ¿qué quieres de mí?"?

3. El Foco del Miedo: El Capítulo 1 te invita a "no tener miedo". ¿Qué miedos específicos sobre el mal, el pecado o el futuro espiritual te roban la paz con más frecuencia? ¿Tu mente dedica más tiempo a pensar en el poder del enemigo o en el poder infinitamente superior de Aquel que vive en ti? *(cf. 1 Juan 4, 4).*

4. El Espejo del Orgullo: Lucifer cayó porque se enamoró de su propia luz y se olvidó de la Fuente de esa luz. ¿En qué "apps" de tu vida (tus logros, tu popularidad en redes sociales, tu inteligencia, tu apariencia) buscas tu valor y tu propia "luz", en lugar de buscar ser un reflejo de la luz de Dios?

5. El ADN de la Bondad: Has leído que Dios creó todo "bueno", y eso te incluye a ti. En tu día a día, ¿te identificas más con tu bondad original, como hijo amado de Dios, o te defines principalmente por tus errores, tus debilidades y tus pecados?

6. La Mentira Favorita del Enemigo: El diablo es llamado el "Acusador" y el "Padre de la Mentira". ¿Cuál es la mentira que te susurra con más frecuencia y que tú tiendes a creer? (Ej: "No eres suficiente", "Nadie te entiende", "Tu pecado ya no tiene remedio", "Dios está decepcionado de ti").

7. La Verdadera Libertad: Los ángeles caídos usaron su libertad para rechazar el Amor. ¿Para qué crees que Dios te ha dado a ti la libertad? ¿La ves como un permiso para "hacer lo que quieras" o como el superpoder para "ser capaz de amar de verdad"?

8. El Poder de un Perdedor: ¿Cómo cambia tu estrategia de vida saber que el enemigo no es un dios oscuro, sino una criatura derrotada? ¿Disminuye tu miedo y aumenta tu prudencia al saber que su principal poder no es la fuerza, sino el engaño?

9. El Guardián en el Espejo: Al saber que no luchas por la victoria, sino desde la victoria ya ganada por Cristo, ¿qué te sientes llamado a proteger con más valentía en tu vida a partir de ahora? (Ej: tu pureza, tu tiempo de oración, tu paz interior, tu familia).

10. La Misión Personal: Esta primera parte es el "gran spoiler" de que ya ganamos. Si esto es verdad, entonces la lucha diaria no es para evitar una derrota, sino para extender el Reino de un Rey victorioso. ¿Cómo cambia eso tu misión de hoy? ¿Qué pequeña parte del "Reino" a tu alrededor (tu clase, tu equipo, tu hogar) puedes reclamar para la Luz hoy mismo?

PARTE II - EL CAMPO DE BATALLA: TÁCTICAS DEL ENEMIGO Y ZONAS DE CONFLICTO

CAPÍTULO 3 - LA TENTACIÓN: EL "NIVEL FÁCIL" DE LA GUERRA

El campo de batalla del día a día

Bienvenido al verdadero frente de batalla, Guardián. Has sido convocado no a una llanura lejana y mítica, sino al campo de combate más crucial y decisivo de todos: tu día a día. Aquí es donde se libra el 99.9% de la gran guerra espiritual por el destino del mundo.

Olvida por un momento las imágenes de película que Hollywood ha grabado en tu mente. Aparta la idea de truenos que retumban con cada ataque del mal, de voces graves que emanan de las sombras o de eventos espectaculares que detienen el tiempo. La lucha más común, la más constante y, a menudo, la más peligrosa, es mucho más sutil. Se libra en el silencio de tu corazón, en el murmullo de un pensamiento, en la elección que haces cuando nadie te está mirando. Esta batalla incesante tiene un nombre: **la tentación**.

Es la sugerencia casi inaudible de unirte al chisme en el pasillo de la escuela. Es el impulso de inflar tu ego a costa de humillar a otro. Es la pereza que se disfraza de "descanso" para alejarte de tus deberes y de la oración. Es la imagen impura que aparece en tu teléfono y te invita a profanar el templo sagrado de tu cuerpo y tu mente. Es el susurro que te dice: "Nadie se dará cuenta", "Dios está demasiado ocupado para preocuparse por esto", "Te lo mereces".

El honor de ser un objetivo

Y seamos claros desde el principio, porque esta es una verdad que debe ser forjada en tu espíritu como una placa en tu armadura: si experimentas tentaciones, no significa que seas un mal católico, ni que estés perdiendo la batalla. ¡Es todo lo contrario! Sentir el impacto de las flechas del enemigo significa que no solo estás en la arena, ¡sino que estás blindado y en posición de combate! Significa que el adversario te considera una amenaza tan real que debe gastar sus recursos para intentar derribarte.

Nadie pierde el tiempo atacando una fortaleza abandonada y en ruinas. El enemigo asedia los castillos que guardan un tesoro, las murallas que protegen a un rey. Él te tienta porque en tu alma reside la gracia de Dios, un tesoro por el cual el Cielo entero se regocija. Te ataca porque eres un hijo de la Luz, y él, príncipe de las tinieblas, no soporta tu brillo. Tu potencial para amar, para perdonar, para crear y para adorar es como el sol naciente para una criatura de la noche: **lo ciega y lo repele**.

La "Notificación Push" del infierno

Piensa en la tentación como una "notificación push" en el móvil de tu alma. Aparece en tu pantalla sin que la pidas. Bzzzt. "Oye, ¿y si mientes solo esta vez?". Bzzzt. "Mira a esa persona, qué envidia, tú deberías tener lo que ella tiene". Bzzzt. "Nadie te ve, ¿por qué no miras eso que sabes que no debes?".

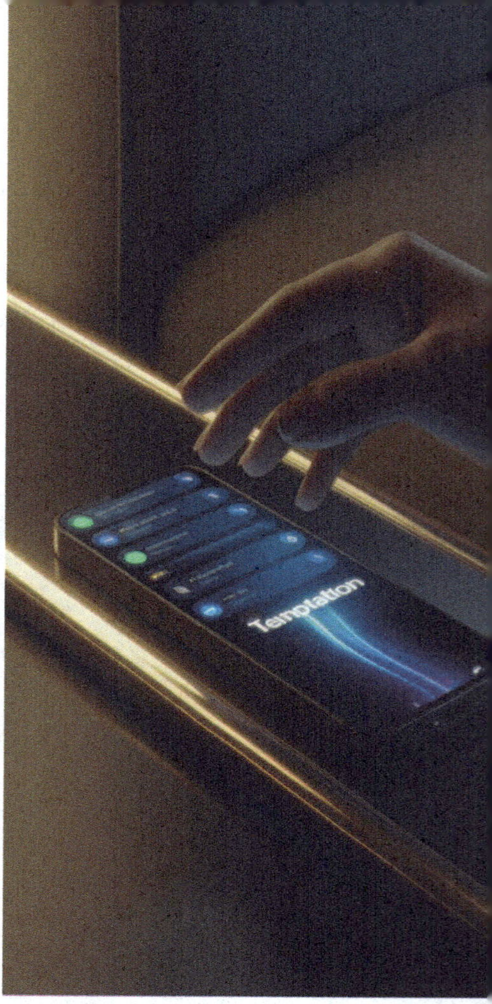

La notificación en sí misma no es el problema. Es solo un anuncio, una propuesta. No has hecho nada malo por el simple hecho de recibirla. El pecado no está en ser tentado; el pecado comienza cuando, en lugar de deslizar para descartarla, abres la notificación. Cuando le das clic, la lees, te entretienes con ella y, finalmente, le das "aceptar" con tu voluntad *(cf. Santiago 1, 14-15).*

El enemigo es un spammer cósmico. Su trabajo es llenar tu bandeja de entrada con basura, esperando que por cansancio o curiosidad, hagas clic en el enlace malicioso. Nuestra misión es volvernos expertos en reconocer el spam y enviarlo directamente a la papelera, sin ni siquiera abrirlo.

El playbook del enemigo: sus tres grandes mentiras

El spam del enemigo, aunque variado, se basa siempre en las mismas tres mentiras fundamentales. Si aprendes a reconocerlas, te volverás casi inmune a sus ataques.

La gran mentira de la felicidad falsa

"Las reglas de Dios son aburridas, esto es más divertido". Es su táctica más vieja. Te presenta el pecado como algo emocionante, libre y deseable, y la vida de fe como una lista de "noes" aburrida y restrictiva. Te ofrece un caramelo brillante sin decirte que está envenenado.

Pero la verdad es que los mandamientos no son una jaula; son el manual de instrucciones del Creador para que la máquina funcione a la perfección. Vivir en la verdad y el amor de Dios no te quita la felicidad, ¡es el único camino hacia la felicidad real y duradera! El pecado promete mucho, pero siempre deja un vacío y un mal sabor de boca.

La gran mentira del aislamiento

"Estás solo en esto, a nadie le importa". Esta es su jugada para debilitarte. Quiere hacerte sentir como un bicho raro, que tus luchas son únicas y vergonzosas. Te susurra que si la gente supiera lo que piensas o sientes, te rechazarían. Busca aislarte de tu rebaño —tu familia, tus amigos, la Iglesia— porque un soldado solo es un blanco fácil.

Pero es una trampa: Dios nunca te abandona. Él te ha dado una comunidad, los santos como animadores en las gradas del cielo, y una promesa inquebrantable: no permitirá que seas tentado por encima de tus fuerzas *(cf. 1 Corintios 10, 13).*

La gran mentira de la desesperanza

"Ya es tarde para ti, no tienes remedio". Este es su ataque más cruel, reservado para cuando has caído. Una vez que hiciste clic en el enlace y el virus entró, el Acusador cambia de táctica. Ya no es el vendedor seductor, ahora es el fiscal implacable. Te grita: "¿Ves? Eres un desastre. Siempre serás así. Dios ya se cansó de ti. No tiene sentido ni que intentes volver".

Quiere que te ahogues en la culpa y la vergüenza para que nunca busques la única medicina que puede curarte. Es la mentira de que tu error es más grande que la misericordia de Dios, lo cual es, sencillamente, imposible.

Jesús, nuestro "Coach": la masterclass del desierto

¿Crees que eres el único que ha enfrentado esto? ¡Ni de cerca! Nuestro Capitán y Rey, Jesucristo, fue al desierto para darnos una clase magistral de cómo se vence en este nivel. El diablo, en persona, le lanzó sus mejores ataques, basados en esas tres mentiras *(cf. Mateo 4, 1-11)*.

Le ofreció convertir piedras en pan (la mentira de la felicidad instantánea, de satisfacer tus apetitos a cualquier costo).

Le ofreció todos los reinos del mundo (la mentira del poder y el ego por encima de Dios).

Le sugirió lanzarse del templo para que los ángeles lo salvaran (la mentira de tentar a Dios, de exigirle pruebas).

¿Y qué hizo Jesús? ¿Discutió con él? ¿Razonó? No. Hizo algo mucho más poderoso. Por cada mentira del diablo, Él desenvainó la espada del Espíritu, que es la Palabra de Dios. "Está escrito...", respondía una y otra vez. No luchó con sus propias fuerzas, sino con la Verdad de su Padre.

Siguiendo el ejemplo de nuestro Capitán

Y aquí está la clave para ti, Guardián: Jesús, siendo Dios, se dejó tentar como hombre para enseñarnos a nosotros, hombres y mujeres, cómo se vence. Nos mostró que nuestro arsenal está lleno de la verdad de la Escritura. Él es nuestro modelo, nuestro "Coach", nuestro hermano mayor que ya pasó por esto y nos dice: "Puedes hacerlo. Usa las mismas armas que yo usé". Él fue probado en todo exactamente como nosotros, pero nunca hizo clic en el enlace *(cf. Hebreos 4, 15)*.

Así que, la próxima vez que esa "notificación" aparezca en tu mente, reconócela por lo que es: spam del perdedor. No la dialogues. No la analices. Deslízala, bórrala y responde con la verdad de quien te ha creado, te ama y ya ha ganado la guerra por ti. Este nivel está hecho para que te hagas más fuerte. ¡A jugar!

El contraataque de la fe

Por eso, cuando sientas el peso de la tentación, endereza la espalda y levanta la cabeza. Reconoce el ataque por lo que es: un retorcido cumplido del infierno. El enemigo no te tentaría si fueras uno de los suyos; te ataca porque llevas el estandarte de Cristo Rey. Así que, en lugar de desanimarte, anímate. Has sido considerado digno de la lucha. Como dice la Escritura, debes estar alerta: "Sed sobrios y vigilad. Vuestro adversario, el diablo, ronda como león rugiente, buscando a quién devorar. Resistidle firmes en la fe" *(cf. 1 Pedro 5, 8-9).*

Cada vez que le dices "no" a una tentación, no solo ganas una batalla: fortaleces tus murallas, pules tu armadura y haces que la Luz de Cristo en ti brille con más intensidad, convirtiéndote en un faro de esperanza para otros. Estás en la guerra, Guardián. Y el hecho de que el enemigo te ataque es la prueba irrefutable de que estás en el bando ganador.

CAPÍTULO 4 - LA INFESTACIÓN Y LA OPRESIÓN: CUANDO EL ENEMIGO "SUBE DE NIVEL"

Si la tentación es el ataque estándar del enemigo, su "Nivel 1", existen otras tácticas en su arsenal. Son las jugadas que reserva para circunstancias especiales, sus intentos desesperados por intimidar y perturbar. Antes de seguir, respira hondo. Vamos a hablar de la acción extraordinaria del demonio. La palabra clave aquí es extraordinaria, es decir, fuera de lo común. Muy fuera de lo común.

La norma para un hijo de Dios es vivir bajo el escudo de la gracia. Lo que leerás a continuación no es para que mires debajo de la cama antes de dormir, sino para que entiendas el alcance del poder de la Iglesia y la seguridad que tienes en Cristo, incluso cuando el enemigo juega sucio.

Infestación: "Glitches" en el territorio

¿Alguna vez has entrado a un lugar y has sentido una "mala vibra" tan densa que podrías cortarla con un cuchillo? A veces es solo sugestión. Pero en casos muy raros, puede ser lo que la Iglesia llama una infestación.

Piensa en ello como un "glitch" espiritual en un lugar o en un objeto. No es que el lugar u objeto sea malvado en sí mismo, sino que se ha convertido en una especie de repetidor para la estática del enemigo. Esto suele ocurrir en lugares donde se han realizado actos graves y oscuros: rituales ocultistas, crímenes violentos, prácticas de satanismo. Es como si esos actos hubieran "contaminado" la línea, dejando una interferencia espiritual. Puede manifestarse con fenómenos inexplicables: objetos que se mueven, ruidos extraños, una opresiva sensación de tristeza o miedo.

Aquí es donde ves el genio de la Iglesia en acción. ¿Por qué crees que un sacerdote bendice una casa nueva? ¡No es solo un gesto bonito! Es un acto de autoridad espiritual. Es el representante de Cristo plantando la bandera del Reino de la Luz y diciendo: "Este lugar pertenece a Dios. Cualquier otra influencia, ¡fuera!". Lo mismo ocurre cuando se bendice un rosario, un crucifijo o tu coche. Es la Iglesia ejerciendo su poder para sellar el territorio para Cristo, instalando un "firewall" divino que hace que el ambiente sea inhabitable para la oscuridad.

La opresión: el "Ataque Directo" del Bully

Ahora subimos un escalón más, y te pido que leas con calma y confianza. En situaciones todavía más raras, el enemigo puede recibir permiso de Dios para atacar a una persona de forma más directa y externa. Esto no es posesión. La opresión es un ataque desde fuera.

Imagina a un bully cósmico. No puede controlarte, pero puede intentar hacerte la vida imposible. La opresión puede tomar formas diversas:

Psicológica

Oleadas de pensamientos blasfemos u obscenos que la persona siente como ajenos, como si alguien se los estuviera gritando en la mente; ataques de pánico o desesperación sin causa aparente que no responden a tratamiento médico.

Física

En los casos más extremos y documentados, pueden ocurrir fenómenos físicos inexplicables, como arañazos, empujones o golpes de una fuente invisible.

Lo primero y más importante: la inmensa mayoría de las veces, estas cosas tienen explicaciones naturales (médicas, psicológicas, ambientales). La Iglesia es la primera en ser escéptica y siempre exige que se descarten todas las demás posibilidades. Pero cuando, tras un análisis riguroso, estas acciones persisten, la Iglesia las reconoce como un ataque del enemigo. Un ataque furioso, sí, pero el de un perro que ladra con fuerza porque sabe que está atado a una cadena.

La puerta de entrada: ¿cómo se cuela el enemigo?

Ni la infestación ni la opresión ocurren por casualidad. Dios no permite que sus hijos sean atormentados por capricho. Generalmente, para que estas cosas sucedan, alguien, en algún momento, tuvo que abrir una puerta.

Piensa en tu alma como una fortaleza protegida por el mismísimo Dios. Pero tú tienes las llaves. El enemigo no puede derribar los muros, pero si le abres una puerta, intentará colarse. ¿Cuáles son esas puertas?

El Ocultismo

Es la puerta principal. Jugar a la Ouija, leer las cartas del tarot, consultar adivinos, participar en rituales de santería o magia. Es como marcar un número de teléfono al azar y preguntar: "¿Hay algún espíritu ahí?". Estás invitando explícitamente a fuerzas desconocidas a tu vida. Es jugar con fuego en un depósito de gasolina.

Pactos y Consagraciones al mal

Esta es la puerta más directa. Personas que, trágicamente, ofrecen su vida o sus acciones a Satanás o a otras entidades oscuras.

Una Vida de Pecado Grave y sin Arrepentimiento

Vivir constantemente en pecado mortal, odiando a Dios o al prójimo, y rechazando la misericordia de la Confesión es como dejar la puerta de la fortaleza abierta de par en par, con un letrero de "bienvenido". Debilita tus defensas espirituales y te hace vulnerable.

Maldiciones (Maleficios)

Sí, existen personas que intentan usar el poder del mal para dañar a otros. Pero ¡escucha bien! Una maldición es como un correo electrónico con un virus enviado a tu dirección. Si tu "antivirus" —es decir, tu estado de gracia, tu vida de oración y sacramentos— está actualizado y funcionando, ese correo malicioso irá directo a la carpeta de spam. El poder de un alma unida a Cristo es infinitamente superior. Jesús vino precisamente para "deshacer las obras del diablo" *(cf. 1 Juan 3, 8)*.

Incluso en estos niveles más intensos, la conclusión es la misma: no temas. El poder reside en Cristo y su Iglesia. Y la mejor defensa es una buena ofensiva: una vida llena de luz, de sacramentos y de alegría. Cierra con llave las puertas al mal y vive sin miedo en la fortaleza impenetrable del Corazón de Jesús, a cuyo nombre "toda rodilla se doble, en el cielo, en la tierra, en el abismo" *(cf. Filipenses 2, 10)*. Ese es tu verdadero escudo.

CAPÍTULO 5 - LA POSESIÓN DEMONÍACA: EL "JEFE FINAL"

Muy bien, Guardián. Hemos entrenado, hemos estudiado las tácticas del enemigo y hemos fortificado nuestras defensas. Ahora, vamos a hablar del "Jefe Final". La jugada más infame, más aterradora y, gracias a Dios, la más increíblemente rara de todo el arsenal del enemigo: la posesión demoníaca.

Respira. La razón por la que podemos hablar de esto sin que el miedo nos paralice es la misma de siempre: el Jefe Final ya fue vencido por el Héroe de la historia en el primer acto. Lo que vemos ahora son solo los ecos de su derrota.

¿Qué es realmente la posesión? El intruso ilegal

Imagina tu cuerpo como un templo sagrado, un "mecha" o un avatar diseñado por el mejor Ingeniero del universo para albergar tu espíritu. Por el Bautismo, la bandera de Cristo ondea sobre ese templo. Eres de su propiedad.

La posesión demoníaca ocurre cuando, a través de una serie de puertas abiertas de par en par (como las que vimos en el capítulo anterior, pero llevadas al extremo), un espíritu inmundo se cuela y secuestra los "controles" del cuerpo. Es un acto de terrorismo espiritual. El demonio puede hablar usando las cuerdas vocales de la persona, mover su cuerpo, causar contorsiones.

Pero ¡atención! Esta es la verdad crucial que Hollywood nunca te contará: el demonio secuestra el cuerpo, pero no puede tocar el alma. El alma, tu verdadero yo, la chispa divina que te hace ser tú, sigue perteneciendo a Dios. En medio de la tormenta más violenta, en lo profundo del templo ocupado, la llama de la voluntad y del alma sigue ahí, prisionera pero intacta, esperando ser liberada por su verdadero Rey. El demonio es un intruso, un okupa ilegal, nunca el verdadero dueño.

Desmontando mitos de Hollywood: esto no es una película de terror

Gracias a las películas, cuando pensamos en esto, nos imaginamos cabezas que giran 360 grados, vómito verde en proyectil y levitaciones constantes. Si bien es cierto que durante un exorcismo pueden ocurrir fenómenos extraños y perturbadores (demostraciones de fuerza sobrehumana, conocimiento de cosas ocultas, rechazo violento a lo sagrado), la realidad no es un espectáculo de efectos especiales.

> La Iglesia no busca el show. Un exorcismo no es un circo de terror ni un enfrentamiento de igual a igual. Es un acto litúrgico, solemne y oficial. Es la autoridad máxima del universo poniéndole una orden de desalojo a un inquilino miserable. Es menos parecido a una pelea de monstruos y más a un tribunal donde el Juez ya ha dictado sentencia

El poder de la Iglesia: llamando a las Fuerzas Especiales

Cuando el enemigo llega a este extremo, la Iglesia activa su unidad de fuerzas especiales: el exorcista.

Un exorcista no es un "cazafantasmas" independiente. Es un sacerdote, generalmente un hombre de edad madura, conocido por su profunda piedad, su conocimiento, su prudencia y su equilibrio psicológico. Y lo más importante: no actúa por su cuenta. Actúa con un permiso oficial y directo de su obispo.

> ¿Por qué es esto tan importante? Porque el exorcista no enfrenta al demonio con su propia fuerza personal. ¡Sería aplastado! Él lo enfrenta con la autoridad de la Iglesia, que es la autoridad que Jesús mismo le dio a sus apóstoles *(cf. Lucas 10, 17)*. Cuando el exorcista dice: "Te ordeno, en el nombre de Jesucristo, que salgas de esta persona", no es él quien da la orden. Es toda la Iglesia militante y triunfante, con dos mil años de historia y el poder del Cielo a sus espaldas, la que está hablando. Es Cristo mismo, a través de su siervo, quien pronuncia la orden de desalojo.

El Rito del Exorcismo es su arma. Un libro que contiene oraciones antiguas, letanías, salmos y mandatos directos. Usa agua bendita, la cruz, las reliquias de los santos. No son "hechizos mágicos". Son los símbolos del poder y la victoria de Cristo. Cada gota de agua bendita le recuerda al demonio su derrota en el Bautismo. Cada visión de la cruz es un recordatorio de su humillación en el Calvario.

El mensaje central: el rugido del perdedor

Incluso en la posesión, en el despliegue más impresionante de su poder, el demonio está bluffeando. Es un acto de desesperación. Es el rugido de la bestia herida de muerte. Toda su furia, todo su teatro, es un intento de intimidar, de hacer creer que tiene algún poder real.

1. La Autoridad de Cristo

Pero basta una orden en el Nombre que está sobre todo nombre para ponerlo en su sitio. Piensa en Jesús frente al endemoniado en la sinagoga. No negoció. No hubo una batalla épica. Solo una orden, directa y final: "¡Cállate y sal de él!" *(cf. Marcos 1, 25).* Y el espíritu inmundo, gritando y sacudiendo al hombre, tuvo que obedecer. Tuvo que hacerlo. Porque frente al Creador, la criatura rebelde no tiene ninguna opción.

2. Tu Protección Divina

Y esta es la razón por la que no tienes que temer enfrentar a este "Jefe Final". Porque para llegar a este punto se requiere un rechazo total, deliberado y sostenido de Dios y de su protección. Para un joven como tú, que busca la luz, que lucha sus batallas diarias, que cae y se levanta y se acerca a la Confesión, que reza aunque sea un poco... estás a años luz de distancia de esta realidad. Estás sellado por el Espíritu Santo. Vives dentro de la fortaleza.

3. La Luz de Cristo prevalece

La posesión es real, pero es la excepción desesperada, no la regla. Y solo sirve para una cosa: para demostrar, de la manera más dramática posible, que no hay oscuridad tan profunda que la Luz de Cristo no pueda penetrar, y que no hay cadena tan fuerte que Su Nombre no pueda romper.

La única manera en la que el demonio podría poseer tu alma es a través del pecado y de esto hablaremos en el siguiente capítulo…

CAPÍTULO 6 - LA VERDADERA POSESIÓN: EL PECADO

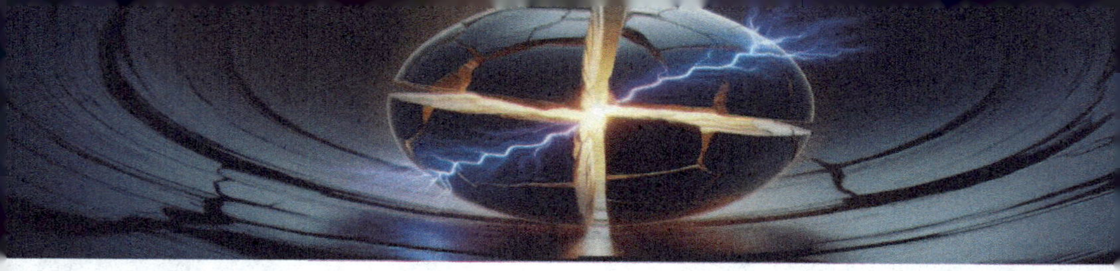

El campo de batalla silencioso

En el gran teatro del universo, donde la Luz Eterna de nuestro Creador baña con su gloria la existencia misma, se libra una batalla silenciosa pero implacable por el destino de tu alma. No es una guerra de estruendosas explosiones ni de ejércitos visibles, sino un combate que ruge en el sagrario de tu interior, en el silencio de tus pensamientos y en el crisol de tus decisiones. Cada amanecer te convoca a este frente de batalla. Cada elección, por pequeña que parezca, es una maniobra en este conflicto sagrado. El aire que respiras está cargado de esta tensión espiritual, un eco de la primera rebelión en el Cielo. Y en este conflicto cósmico, el arma más insidiosa del adversario, la única puerta que le permite pisotear el territorio sagrado de tu ser, es el pecado.

El acto de rebelión

Imagina por un instante que has sido forjado por el mismo Dios como un arma magnífica, una espada de luz destinada a danzar en sus manos. Él ha trazado para ti un sendero de grandeza, un proyecto divino donde cada paso está pensado para llevarte a una plenitud que apenas puedes concebir. Pecar, joven guardián, es mucho más que una simple falta. Es un acto de alta traición contra tu Rey. Es declarar ante la corte celestial que su plan no es suficiente, que su amor no te basta. Es un acto de rebelión consciente, una decisión deliberada de darle la espalda a ese amor infinito que te dio la vida y te sostiene a cada instante. Es despreciar el mapa estelar que tu Rey ha diseñado para ti, un mapa escrito con la sangre del Cordero, y elegir, en cambio, los laberintos oscuros y sin salida del enemigo, donde solo resuenan las promesas rotas y el vacío.

Las cadenas de la esclavitud

Cuando la tentación susurra en tu oído, con la voz seductora de la serpiente, ofreciéndote el fruto prohibido que aparenta ser dulce, te encuentras en una encrucijada monumental. Si, con pleno conocimiento, eliges el camino de la sombra, das el primer paso hacia tu propia celda. Y si, peor aún, decides deleitarte en él, revolcándote en el lodo y prefiriendo la inmundicia que el pecado te ofrece en lugar de clamar por el perdón, en ese preciso instante sellas un pacto oscuro. Tu alma, esa joya invaluable por la cual el mismo Cristo derramó su sangre, queda atrapada. Las cadenas, al principio ligeras e invisibles, se vuelven pesadas, forjadas con cada acto de desobediencia, hasta que te encuentras maniatado. Como lo advierte la Palabra Eterna, te conviertes en un prisionero de tu propia elección: "En verdad, en verdad os digo: todo el que comete pecado, esclavo es del pecado" *(cf. Juan 8, 34)*. Eres un rey que ha entregado voluntariamente su corona para convertirse en un siervo en su propio reino.

La estrategia del enemigo

El demonio, esa antigua serpiente, el maestro del engaño, no puede tomar tu alma por la fuerza. No posee el poder para arrancar de ti el libre albedrío, ese don sagrado que te hace a imagen de Dios. Su victoria radica en tu rendición. Te presenta el cebo: la ilusión de un placer efímero, la mentira de una libertad sin límites, el espejismo del poder. Su táctica es hacerte creer que la rebelión es tuya, que la decisión es un acto de autoafirmación. Espera pacientemente, como un depredador en la maleza, a que tú mismo te pongas las cadenas. Al elegir el pecado, eliges su bando en esta guerra espiritual. Te alimentas de las sobras de su rebelión, convirtiéndote en un eco de su eterno "No serviré". Y en esa servidumbre voluntaria, el enemigo de tu alma establece su oscuro trono en el corazón que fue creado para ser templo del Espíritu Santo *(cf. 1 Corintios 6, 19).*

El grito de guerra del arrepentimiento

> Pero ¡atención, Guardián! Porque incluso en la más profunda de las mazmorras, cuando las cadenas del pecado parecen más fuertes y la oscuridad más densa, la Luz de Cristo puede penetrar. Un solo acto de contrición, una sola lágrima de arrepentimiento, es como una bengala en la noche que atrae la atención del Cielo. El arrepentimiento sincero es la llave maestra que desata cualquier atadura. Es el grito de guerra del alma que se niega a permanecer cautiva y recuerda su linaje real. Es el regreso del hijo pródigo que, hastiado de la miseria del pecado, recuerda la casa de su Padre donde siempre hay fiesta y perdón *(cf. Lucas 15, 17-19)*.

No te dejes engañar por la mentira de que tu falta es demasiado grande para ser perdonada. Esa es la última trampa del enemigo para mantenerte en la desesperación. Porque la Misericordia de Dios es un océano sin orillas, y tus pecados, por enormes que sean, son como una gota de agua en ese mar infinito. Porque "donde abundó el pecado, sobreabundó la gracia" *(cf. Romanos 5, 20)*. Tu Rey no es un tirano que se complace en tu caída, sino un Padre que corre a tu encuentro, que anhela limpiar tus heridas, restituirte tu armadura de luz y celebrar tu regreso.

CAPÍTULO 7 - EL VIRUS "NON SERVIAM": LA REBELIÓN, EL PECADO ORIGINAL DEL ENEMIGO

Si en el capítulo anterior vimos que el pecado es la verdadera atadura del alma —la verdadera posesión que nos esclaviza desde dentro—, ahora debemos hacer una pregunta de inteligencia crucial: ¿De dónde vino la primera cadena? ¿Cuál es el código fuente del que se copian todos los virus espirituales?

La respuesta es una sola palabra, un susurro que resonó en la eternidad antes de que el tiempo existiera, y que sigue haciendo eco en el corazón de cada hombre y mujer hoy. Esa palabra es **rebelión.**

Antes del primer acto impuro, antes de la primera mentira, antes de la primera traición, existió un "¡No!". Un acto de orgullo cósmico tan inmenso que rasgó la perfecta armonía de la creación. Fue el grito de la criatura más brillante, Lucifer, que, al mirarse a sí mismo, se enamoró de su propio reflejo y le dijo a su Creador: "Non serviam". "No serviré". *(cf. Jeremías 2, 20).*

Ese "Non Serviam" es el virus original. Es el pecado raíz, la soberbia en su forma más pura. Y cada pecado que cometemos, en el fondo, es una actualización de ese mismo software. Es nuestro propio eco de ese "¡No!" a Dios.

El campo de batalla cotidiano: ¿cómo te infecta el virus hoy?

El virus de la rebelión es sutil. No siempre se presenta como un desafío dramático con el puño en alto. A menudo, se disfraza de "libertad", "autenticidad" o "pensamiento crítico". Analicemos sus principales campos de ataque en tu vida:

1. Rebelión contra la Autoridad Delegada (Padres y Guías)

La tentación se disfraza así: "Mis padres no entienden mi mundo", "Sus reglas son anticuadas y solo buscan controlarme". El virus te hace ver su guía como una jaula, no como las murallas de un castillo que te protegen. Olvidas que toda autoridad legítima viene de Dios *(cf. Romanos 13, 1)*. Rebelarte contra la autoridad que Dios ha puesto para cuidarte es el primer paso para decirle a Él: "No confío en Tu plan de protección para mí".

2. Rebelión contra la Iglesia (La Madre y Maestra)

Aquí el virus muta y suena más sofisticado: "Soy espiritual, no religioso", "Amo a Jesús, pero la Iglesia está llena de pecadores y reglas viejas". Es la tentación de querer al Rey, pero rechazar su Reino. Es querer el juego, pero despreciar el manual de instrucciones. La Iglesia, con todos sus miembros humanos y heridos, es el Cuerpo de Cristo, la barca que Él nos dejó para cruzar la tormenta. Rebelarte contra ella es saltar de la barca en medio del océano porque no te gusta el aspecto de los otros marineros.

3. Rebelión contra la Ley de Dios (el Confrontamiento Final)

Este es el núcleo del virus. Es cuando te enfrentas a una enseñanza clara de Dios sobre lo que está bien y mal —sobre la vida, el amor, la verdad— y tu interior grita: "¿Y por qué no? ¿Quién es Dios para decirme cómo ser feliz?". Es el eco exacto de la serpiente en el Edén: "¡No moriréis! ... seréis como dioses, conocedores del bien y del mal" *(cf. Génesis 3, 4-5)*. Es el intento de robarle a Dios el derecho de definir la realidad.

La gran mentira del enemigo

La propaganda del "Non Serviam" es siempre la misma: te vende la rebelión como si fuera libertad. Te dice que las leyes de Dios son límites para tu felicidad, cadenas para tu potencial. Te muestra la imagen de un tren y te susurra: "¡Qué aburrido es seguir siempre las mismas vías! ¡La verdadera libertad está en el campo!". Lo que no te dice es que un tren fuera de sus vías no es libre; es un desastre inútil y destrozado. No te dice que un pez fuera del agua no es libre; es un pez que se asfixia.

La verdad del Reino: la libertad de los Hijos de Dios

La libertad de un guerrero de Cristo no es la "libertad de" las reglas. Es la "libertad para" la grandeza. Un atleta olímpico no es libre de la disciplina, del entrenamiento o de la dieta. Él abraza libremente esa disciplina para ser libre de correr más rápido y saltar más alto que nadie.

Las leyes de Dios no son las rejas de una prisión. Son las reglas del juego que nos permiten ganar el premio de la vida eterna. Son las vías que nos llevan a nuestro destino glorioso. La obediencia a Dios no es un acto de esclavos, es el acto de confianza de un soldado en su General, que tiene la visión completa del campo de batalla y sabe el camino a la victoria.

El antídoto: la humildad, el "Superpoder" de los Santos

Si la soberbia y la rebelión son el virus, la humildad es el antivirus divino. La humildad no es pensar menos de ti mismo; es pensar en ti mismo un poco menos. Es reconocer la realidad: Dios es Dios, y tú eres su criatura amada. Él sabe más. Su plan es mejor.

El "Non Serviam" de Satanás fue respondido por dos "Hágase" que cambiaron el universo. El primero, el de la Virgen María: "Hágase en mí según tu palabra" *(cf. Lucas 1, 38)*. El acto de confianza humana perfecta. Y el segundo, el de su Hijo, nuestro Rey, en el momento de la batalla más dura en Getsemaní: "Padre... no se haga mi voluntad, sino la tuya" *(cf. Lucas 22, 42)*.

Ese "Hágase" de Cristo es el código que borra el virus de la rebelión. Cada vez que, en un acto de humilde confianza, eliges obedecer a Dios por encima de tus propios deseos, estás reescribiendo el código de tu alma con el lenguaje del Cielo y dirigiendo un golpe devastador al pecado original del enemigo.

CAPÍTULO 8 - TIERRA DE NADIE: EL PELIGRO DE LA APOSTASÍA Y LA TRAMPA DEL "SOY ESPIRITUAL, NO RELIGIOSO"

Si el pecado es la esclavitud y la rebelión es el virus que la causa, la apostasía es el acto final de un prisionero que, engañado, derriba los muros de su propia fortaleza creyendo que así será libre. Es uno de los movimientos más estratégicos y aplaudidos por el enemigo en la guerra moderna.

Pero antes de adentrarnos en este territorio peligroso, aclaremos algo: dudar no es apostatar. Un soldado que pregunta por el mapa no es un traidor. Un guardián que cuestiona una estrategia para entenderla mejor no es un cobarde. Tus dudas, tus preguntas, tus luchas intelectuales con la fe, son a menudo una señal de que tu fe está viva y no es una herencia polvorienta que has aceptado sin pensar.

La apostasía es diferente. No es una pregunta. Es una respuesta. Es el acto consciente y deliberado por el cual un soldado bautizado, un miembro del Reino, se arranca las insignias, tira su uniforme al suelo y declara: "Estoy fuera". Es el acto de desertar del Ejército de la Luz y caminar por voluntad propia hacia la Tierra de Nadie.

La anatomía de una deserción: el camino resbaladizo

Nadie se convierte en desertor de la noche a la mañana. Es un proceso, una serie de brechas en la muralla del alma que, si no se reparan, acaban por derrumbarla.

Paso 1: El Orgullo Intelectual

La primera fisura. Comienza con un pensamiento sutil: "Yo soy más inteligente que esto. Mi lógica del siglo XXI es superior a dos mil años de santos, doctores y Papas. Si algo no me parece razonable a mí, entonces debe ser falso". Se empieza a ver la fe como un producto a evaluar y no como una realidad a la que adherirse.

Paso 2: El Abandono del Entrenamiento

Las dudas no se resuelven y el soldado, frustrado, deja de ir al comedor y a la armería. Se abandona la oración ("total, no siento nada"), se deja de ir a Misa ("es aburrido"), se evita la Confesión ("no es para tanto"). Un guardián que no se alimenta de la Eucaristía y no repara su armadura en la Reconciliación se vuelve débil, anémico y un blanco perfecto.

Paso 3: La Seducción de las Ideologías del Mundo

Aquí es donde entra el famoso "soy espiritual, no religioso". El alma debilitada empieza a escuchar la propaganda enemiga, que es atractiva y suena liberadora. Te ofrece una "espiritualidad" sin compromiso, un "dios" a tu medida que nunca te desafía, una conexión con "el universo" que no te pide conversión. Es un menú de postres sin el plato fuerte de la Cruz.

Paso 4: El Acto Final

Después de haberse convencido de que su propia razón es la máxima autoridad y de que la vida fuera de la fortaleza es mejor, el alma da el paso. Declara su apostasía. A veces en voz alta, a veces en el silencio de un corazón que ha decidido dejar de creer. El desertor ha abandonado su puesto.

La gran mentira del enemigo

La campaña de marketing para la apostasía es brillante. Su eslogan principal es: "La Iglesia es una jaula. Sus dogmas, sus reglas, su jerarquía... son muros que aprisionan tu espíritu. ¡Sal! ¡Sé libre! ¡Encuentra tu propia verdad!".

Te promete un campo abierto, un prado verde de libertad espiritual. Pero es un engaño. Es la misma mentira que un general enemigo le contaría a un soldado para que abandonara su trinchera. Lo que no te muestra es que ese "campo libre" es en realidad la Tierra de Nadie del campo de batalla: un terreno sin protección, lleno de minas, francotiradores y patrullas enemigas.

La verdad del Reino: la Iglesia como Fortaleza y Arca

La Iglesia Católica no es una jaula; es una Fortaleza construida por el mismo Cristo sobre la roca de Pedro, y Él nos hizo una promesa a nivel de Comandante Supremo: que los poderes del infierno no la podrían destruir *(cf. Mateo 16, 18)*. Es el lugar más seguro en medio de una guerra total.

Es también el Arca de Noé en el siglo XXI. Afuera ruge el diluvio de las ideologías cambiantes, del relativismo, de la desesperanza. Dentro del Arca, aunque a veces el viaje sea incómodo y los compañeros de viaje imperfectos, hay seguridad, hay rumbo y está la promesa de llegar a tierra firme. Salir del Arca no es un acto de libertad, es un acto de locura.

En esta guerra no hay territorio neutral. No existe una "Suiza espiritual". Jesús fue radicalmente claro: "El que no está conmigo, está contra mí; y el que no recoge conmigo, desparrama" *(cf. Mateo 12, 30)*. El que cree estar solo y ser "libre" en medio del campo de batalla, en realidad ya ha sido capturado por el bando contrario, aunque no se haya dado cuenta.

El antídoto: la fe perseverante y la humildad intelectual

¿Cómo se combate el virus de la apostasía?

- **Con Humildad Intelectual:** La fuerza para admitir: "No lo sé todo". La valentía para llevar tus dudas más difíciles a las fuentes correctas: un sacerdote sabio, un buen apologeta católico, los escritos de los santos. Es la humildad para confiar en que el Espíritu Santo guía a toda la Iglesia hacia la verdad completa *(cf. Juan 16, 13)*, y no solo a tu cuenta de TikTok.
- **Con Fe Perseverante:** La decisión de un guerrero de permanecer en su puesto incluso cuando no entiende completamente las órdenes del General. La fe no es la ausencia de dudas, es la elección de confiar en la persona de Jesucristo a pesar de las dudas. Es aferrarse al mástil de la barca en plena tormenta, con la certeza de que el Capitán está a bordo y sabe perfectamente lo que hace.

No entregues tu ciudadanía del Reino por la falsa promesa de una libertad que solo conduce a la intemperie. Tu fe es tu mayor tesoro. Custódiala como el guardián que eres, así como San José custodió con firmeza y humildad a su Virgen Esposa y al Niño Jesús.

CAPÍTULO 9 - EL ARCA INSUMERGIBLE: NAVEGANDO CON EL ESCÁNDALO SIN ABANDONAR LA NAVE

Guardián, hemos hablado de la rebelión y de la apostasía. Y es aquí, en este punto, donde el enemigo lanza su ataque más astuto y doloroso contra tu generación. Cuando un joven soldado considera abandonar el ejército, el demonio no le susurra argumentos teológicos complejos. Le muestra una sola imagen devastadora: el pecado y el escándalo dentro de su propia Iglesia. Le dice al oído: "¿Ves? Son unos hipócritas. Este no es el ejército de un Rey, es una farsa. Vete. Sálvate tú solo".

Y es, quizás, la mentira más eficaz de todas. Por eso, este capítulo es un informe de inteligencia vital. Porque para sobrevivir a esta tormenta, debes entender la naturaleza de la nave en la que viajas.

El Tesoro y los Vasos de Barro

Primero, una verdad fundamental: La Iglesia Católica es un ser con una doble naturaleza, al igual que su Fundador. Es, al mismo tiempo, **divina en su origen**, su doctrina y su alma, y **humana en sus miembros**, sus líderes y sus vasos. San Pablo lo describió a la perfección: llevamos este tesoro celestial "en vasos de barro, para que se vea que una fuerza tan extraordinaria es de Dios y no de nosotros" *(cf. 2 Corintios 4, 7)*.

Nuestra fe no está en la perfección de los vasos de barro. ¡Se romperían al instante! Nuestra fe está en el poder invencible del Tesoro que contienen. La mejor analogía para entenderla es esta: la Iglesia es el Arca de Noé. Fue diseñada por Dios, su arquitecto es Cristo, pero la tripulación, los que reman y a veces ensucian la cubierta, somos tú y yo.

El plan maestro del Rey (La Iglesia como Sacramento de Salvación)

La Iglesia no es un club social que fundó un grupo de hombres. Nació del costado abierto de Cristo en la Cruz, de donde brotó sangre y agua, símbolos del Bautismo y la Eucaristía. Es un organismo vivo. Es el Cuerpo místico de Cristo.

Su fundación es una promesa de poder. Jesús no le dijo a Pedro: "Intenta construir algo que dure". Le dijo: "Tú eres Pedro (Roca), y sobre esta roca edificaré mi Iglesia, y los poderes del infierno no prevalecerán contra ella" *(cf. Mateo 16, 18)*. El verbo es "edificaré". Es su proyecto. Él es el constructor y el garante.

El Espíritu Santo es el Navegante silencioso, el GPS divino que, a pesar de los errores de la tripulación, asegura que el Arca nunca pierda su rumbo final hacia el puerto del Cielo. Y los Papas, obispos y sacerdotes son los oficiales que Cristo designó. No son directores ejecutivos; son siervos a quienes se les ha confiado la distribución de los tesoros del Rey: la Verdad (doctrina) y la Gracia (sacramentos). Su autoridad no viene de su brillantez personal, sino del cargo que el Rey les confió.

La tormenta interior (enfrentando el pecado y el escándalo)

Seamos brutalmente honestos. Esos vasos de barro se han agrietado y roto de formas horribles. Has escuchado y visto los pecados y crímenes cometidos por miembros de la Iglesia, incluso por sus pastores. Has sentido la ira, la decepción y la vergüenza. Ese dolor es real y justo. El propio Cristo se enfureció y volcó las mesas de los que profanaban el Templo *(cf. Mateo 21, 12-13)*. El mal dentro de la Iglesia es un arma terrible que el enemigo usa para destruir la fe.

Entonces, ¿qué hace un guardián? ¿Abandona la fortaleza porque algunos guardias son traidores? ¡Jamás! Un guardián discierne:

1. Distingue el Tesoro del Vaso

Tu fe no puede estar en tu sacerdote, tu obispo o ni siquiera en el Papa como hombre. Tu fe debe estar anclada en Jesucristo. El pecado de un sacerdote es abominable, pero no contamina el poder de Cristo en la Eucaristía que consagra. La hipocresía de un católico no invalida la verdad del Credo. Aprende a amar y a defender el Tesoro divino, incluso cuando el vaso humano que lo porta te cause dolor.

2. Aplica el Mandato de Cristo

"Sí" y "No". Jesús nos enseñó: "Que vuestro sí sea sí, y vuestro no sea no" *(cf. Mateo 5, 37)*. Esto es un llamado a un discernimiento radical. Con toda tu fuerza, di "NO" al abuso, a la corrupción, a la mentira y a la hipocresía, sin importar de quién vengan. Pero con esa misma fuerza, di "SÍ" a Cristo, a su presencia real en la Eucaristía, a la gracia de la Confesión, a la verdad de la doctrina que la Iglesia ha protegido por dos milenios. No quemes el hospital porque haya un mal médico en una de sus salas.

3. Confía en la Justicia del Rey

No creas ni por un segundo que Dios es ciego o indiferente. El Rey ve la corrupción en su ejército y Él mismo se encarga de la purificación. A menudo, las crisis y los escándalos son el fuego purificador de Dios, que con dolor quema la paja para que el trigo bueno pueda crecer más fuerte. La justicia final le pertenece a Él.

La promesa inquebrantable (la esperanza que vence al mundo)

Ahora, aférrate a esto. La razón por la que permanecemos en el Arca no es por la habilidad de su tripulación. Es por la garantía de su Constructor.

> ¡Los poderes del infierno no prevalecerán contra ella!

Esta Arca ha navegado por dos milenios de historia. Ha sido golpeada por las olas de las persecuciones romanas, de las invasiones bárbaras, de los motines internos de las herejías, de la corrupción de algunos de sus líderes, de las tormentas de las revoluciones y de los icebergs de las ideologías totalitarias. Y sigue a flote. Ninguna institución meramente humana podría haber sobrevivido. Su supervivencia es la prueba continua de que su Capitán es divino.

Tu puesto de guardia en el Arca

El objetivo estratégico del enemigo al causar escándalo es lograr que los mejores y más idealistas soldados salten por la borda. No le concedas esa victoria.

> La respuesta a los malos católicos no es dejar de ser católico. **Es ser un santo.** La respuesta a la oscuridad dentro de la Iglesia es que tú te conviertas en una luz más brillante.

Estás llamado, no a ser un crítico que lanza piedras al Arca desde la seguridad de la orilla, sino a ser parte de la tripulación leal que toma un remo en medio de la tormenta. Estás llamado a reparar las redes, a achicar el agua, a animar a tus hermanos y a fijar tus ojos en el Capitán, que está de pie en la proa y que nunca, nunca ha abandonado su nave.

CAPÍTULO 10 - EL TEMPLO VANDALIZADO: LA IMPUREZA Y LA BATALLA POR TU CUERPO Y ALMA

Guardián, hemos explorado los pecados de la voluntad y del intelecto: la rebelión y la apostasía. Ahora, debemos descender a un campo de batalla íntimo, un lugar donde el enemigo libra una guerra sin cuartel contra los jóvenes de esta generación: la batalla por la pureza.

Para entender esta lucha, primero debes demoler la principal mentira del mundo. El mundo te dice que tu cuerpo es tuyo para que hagas con él lo que quieras. La Iglesia te revela una verdad infinitamente más grande y digna: tu cuerpo no es una simple posesión. Es una obra maestra de la ingeniería divina. Es, ahora mismo, un Templo del Espíritu Santo *(cf. 1 Corintios 6, 19).*

Imagina el templo más sagrado y hermoso. Dios mismo reside en él. La sexualidad es la energía que fluye en su interior, una fuerza sagrada y poderosa creada por Él para un propósito glorioso: el amor unitivo y la creación de vida en el contexto de un pacto de sangre llamado matrimonio.

El plan del enemigo es simple y perverso: es un vándalo. No puede destruir el Templo, así que busca profanarlo. Quiere entrar a escondidas para pintar grafitis en sus muros sagrados, para usar esa energía sagrada y causar un cortocircuito de egoísmo que te deje vacío, herido y encadenado.

El origen de la batalla: la lucha por tu "Feed Mental"

La guerra por la pureza no comienza en el cuerpo. Comienza en tu mente, en tus ojos, en tu intención. El campo de batalla principal es tu "feed" mental. En las redes sociales, tú eliges a quién seguir, qué contenido "likear" y en qué fotos detenerte. Con tu alma pasa lo mismo.

Pasar por la calle o por tu feed de Instagram y apreciar la belleza que Dios ha creado es una cosa. Pero detenerse, hacer zoom, guardar la imagen, volver a ella, permitir que la mente empiece a usar a esa persona como un objeto para tu propia fantasía... eso es otra. Eso es cambiar la "recta intención". Eso es permitir que el algoritmo de la lujuria empiece a controlar tu "feed" interior.

Jesús, nuestro Rey, fue radical en esto. No solo dijo "no cometas adulterio". Llevó la batalla a un nivel más profundo: "todo el que mira a una mujer deseándola, ya ha cometido adulterio con ella en su corazón" *(cf. Mateo 5, 28)*. No lo dijo para aplastarnos con una regla imposible, sino para darnos una estrategia de élite: **¡custodia la puerta de tu mente! Porque ahí es donde se gana o se pierde la primera disputa.**

Los frentes de batalla más comunes

El vándalo usa varias herramientas para profanar el Templo. Estas son las más comunes hoy en día:

1. **La Pornografía: La Invasión a través de la Pantalla.**

Piénsalo así: la pornografía es entregarle voluntariamente al enemigo el control de tu "feed". Es suscribirte a un canal que transmite 24/7 la profanación de la dignidad humana directamente a tu cerebro. Cada video, cada imagen, es un grafiti pintado en las paredes de tu Templo. Te enseña a ver a las personas —hijos e hijas de Dios— como productos sin alma para ser consumidos. Entrena a tu cerebro para que busque una recompensa química barata en lugar de la conexión profunda del amor real. Es, literalmente, una invasión demoníaca a través de una pantalla, que deja tras de sí adicción, soledad y una profunda herida en tu capacidad de amar.

2. **La Masturbación: El "Selfie" del Alma.**

El acto sexual fue diseñado por Dios como el lenguaje más poderoso de auto-donación, un "te entrego todo mi ser" a otra persona. Es un puente, una comunión. La masturbación es tomar ese lenguaje y convertirlo en un monólogo. Es un "me entrego a mí mismo". Es el cortocircuito del egoísmo. Es como tener una conversación profunda y significativa con un selfie: es un acto de soledad que imita la comunión, pero la vacía de todo su significado. Entrena al cuerpo y al alma para buscar la auto-gratificación, haciendo más difícil aprender el lenguaje del amor sacrificial que se necesita para una relación real.

3. **La Fornicación (Sexo Fuera del Matrimonio).**

Imagina que tu capacidad de entregarte sexualmente es la contraseña de la bóveda más sagrada de tu Templo. Es el acceso a tu ser más íntimo y vulnerable. El matrimonio es el pacto de sangre, el contrato blindado y público ante Dios y el mundo donde dices: "Te entrego mi contraseña para siempre, porque confío mi vida a la tuya". El sexo fuera del matrimonio es entregar esa contraseña sin el pacto que la protege. Es un acto de inmensa vulnerabilidad sin la seguridad del compromiso total y para siempre. Es tratar un pacto sagrado como un "post" casual, pero las consecuencias emocionales y espirituales no se borran tan fácilmente como una foto.

La gran mentira del enemigo

La propaganda del vándalo es ruidosa y está por todas partes: "¡Es natural! ¡Tu cuerpo te lo pide! ¡No le hace daño a nadie! ¡Mientras haya consentimiento, todo vale! ¡Es una forma de amor!". Son eslóganes vacíos diseñados para que profanes tu propio Templo sin darte cuenta.

La verdad del Reino: la castidad, el poder del amor auténtico

La Iglesia te llama a una virtud de guerrero: **la castidad**. El mundo te ha mentido sobre ella. La castidad no es un "no" amargado al sexo. Es el "SÍ" más poderoso al Amor Verdadero. Es la disciplina de un guardián que dice: "Este Templo es sagrado. Esta energía es poderosa. Este tesoro de mi sexualidad es tan valioso que lo custodiaré con mi vida para entregarlo de la forma correcta, en el lugar correcto y en el momento correcto". La castidad es la libertad del autocontrol. Es la fuerza para amar a las personas, no para usarlas.

El antídoto: el plan de batalla para la pureza

- **Custodia de los Sentidos:** Sé el portero de discoteca de tu propia mente. Controla tu "feed". Bloquea, elimina y deja de seguir lo que te lleva a la tentación. Sé radical.
- **Frecuenta los Sacramentos:** La Confesión es la limpieza profesional que borra los grafitis de las paredes del Templo. ¡No tengas miedo de usarla a menudo! La Eucaristía es traer al Rey mismo a vivir dentro de su Templo, consagrándolo de nuevo con su presencia.
- **Acude a tu Madre:** La Virgen María es la Reina de la Pureza. Pídele que te cubra con su manto. Reza el Rosario. Ella es la enemiga mortal de la serpiente.
- **Llena el Templo:** Un templo vacío invita a los vándalos. Llena tu vida con cosas grandes: pasiones sanas, deporte, arte, amistades profundas, servicio a los demás. Un guardián con una misión no tiene tiempo para las trivialidades destructivas del enemigo.

La batalla por la pureza es dura, pero no imposible. Es la batalla para demostrar que tu cuerpo no es una mercancía, sino un Templo digno de un Dios.

CAPÍTULO 11 - EL BLUEPRINT DIVINO Y EL HACKEO DE LA IDENTIDAD: UNA MIRADA DE FE A LA IDEOLOGÍA DE GÉNERO

Más allá de la guerra cultural (verdad con caridad)

Guardián, entramos ahora en uno de los campos de batalla más ruidosos, confusos y dolorosos de nuestro tiempo. Es un territorio lleno de minas, donde las palabras se usan como armas y las heridas son profundas. Pero un guardián de la luz no puede permitirse evitar los lugares difíciles. Debe aprender a llevar la luz de Cristo con valentía y, sobre todo, con un amor inmenso.

Por eso, antes de dar un paso más, aclaremos nuestra misión. Este capítulo no es un arma para lanzar contra personas. Es una brújula para el alma. Cada persona, sin importar su historia, sus luchas o cómo se identifique, es creada a imagen de Dios, amada infinitamente por Él y merece nuestro respeto, compasión y amor incondicional. Nuestra primera respuesta como cristianos es siempre la caridad.

Dicho esto, un guardián también tiene el deber de amar la verdad, porque la verdad es lo único que nos hace verdaderamente libres. Por eso, no vamos a analizar personas, sino ideas. Vamos a usar la luz de la fe para examinar el "software" de la ideología de género.

Nuestra fe nos enseña que Dios es el Arquitecto Divino, el Programador Maestro. Al crearnos, Él escribió un "código fuente" sagrado, un Blueprint Divino para la humanidad. Veremos cómo la ideología de género, en sus raíces más profundas, representa un intento de "hackear" ese código, de robar la identidad que Dios nos regaló.

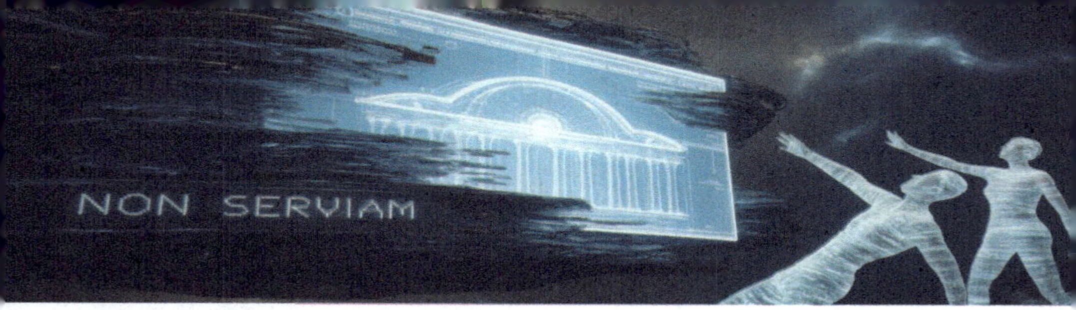

El vínculo con la rebelión (el "Non Serviam" contra la creación)

En el capítulo sobre el virus "Non Serviam", vimos que la raíz de todo pecado es el grito de la criatura contra su Creador. Es el orgullo de Lucifer que declara: "No serviré". Este es el pecado de rechazar el plan de Dios.

La ideología de género, en su forma más radical, lleva este virus a un nivel completamente nuevo y más profundo. El grito ya no es solo "no obedeceré tus reglas", sino que se convierte en "no seré lo que Tú me has creado". Es la criatura mirando el plano del Arquitecto y diciendo: "Tu diseño está equivocado. Yo soy mi propio arquitecto. Yo definiré mi propia realidad".

La Palabra de Dios es la base de nuestro blueprint. Desde la primera página, nos revela el diseño: "Y creó Dios al hombre a su imagen, a imagen de Dios lo creó; varón y hembra los creó" *(cf. Génesis 1, 27)*. Esto no es una ocurrencia divina ni una etiqueta social de la antigüedad. Es un don fundamental. Ser creados como hombre o mujer es un regalo que revela algo sobre la naturaleza de Dios mismo: la complementariedad, la comunión, la capacidad de generar vida. Nuestra masculinidad y nuestra feminidad, en su gloriosa diferencia, son lenguajes con los que Dios ha escrito su imagen en nuestra carne.

La rebelión aquí consiste en declarar que este lenguaje corporal no tiene significado. Es afirmar que el cuerpo es una masa biológica aleatoria y que la verdadera identidad es algo que yo construyo con mi mente o mis sentimientos, independientemente del blueprint de mi Creador. Es el acto definitivo de soberbia: arrebatarle a Dios no solo la autoridad moral, sino la autoridad sobre la misma realidad.

El vínculo con la apostasía (la fe en el "Yo" en lugar de Dios)

Vimos en el capítulo sobre la "Tierra de Nadie" que el camino a la apostasía a menudo comienza cuando reemplazamos la Verdad de Dios por "mi verdad". La ideología de género, cuando se convierte en una creencia absoluta, es una autopista hacia ese destino.

¿Por qué? Porque establece un nuevo dogma, una nueva fuente de verdad infalible: el sentimiento interior. La frase "me siento mujer" o "me siento no binario" deja de ser la descripción de un sentimiento (que es real y debe ser escuchado con compasión) para convertirse en una declaración de realidad ontológica que todo el mundo está obligado a aceptar como la verdad absoluta.

Esto crea una nueva religión, con el "Yo" como su dios y sumo pontífice.

- Su **Dogma Principal**: La identidad personal es auto-creada y el sentimiento es la única prueba necesaria para validarla.
- Su **Pecado Imperdonable**: Cuestionar o "no validar" la identidad sentida por otra persona ("misgendering").
- Su **Objetivo**: La "auto-realización" a través de la afirmación social y la modificación corporal.

Un guardián de la luz ve inmediatamente el conflicto: no puedes servir a dos amos *(cf. Mateo 6, 24)*. No puedes tener tu fe puesta en un Dios externo y objetivo que revela la Verdad, y al mismo tiempo tener tu fe puesta en un "yo" interno y subjetivo como la máxima fuente de verdad. Tarde o temprano, uno debe ceder ante el otro.

Si mi identidad sentida es la verdad suprema, entonces la Biblia, el Catecismo y dos mil años de enseñanza de la Iglesia sobre la persona humana se convierten, en el mejor de los casos, en sugerencias anticuadas y, en el peor, en un discurso de odio opresivo. Abrazar la fe en el "Yo" como la autoridad final sobre la realidad es, en esencia, un acto de apostasía del Dios que nos amó y se reveló en Jesucristo.

El vínculo con la impureza (la desconexión del cuerpo y el alma)

En el capítulo sobre el "Templo Vandalizado", establecimos una verdad fundamental: tu cuerpo es sagrado. No es una cáscara, no es un vehículo que "tienes", sino que, junto a tu alma, es lo que eres. Esta unión sagrada, la integración perfecta de cuerpo y alma, es una de las obras maestras del Blueprint Divino. La impureza, en su raíz, es todo aquello que ataca, desordena o profana esta unidad.

Aquí es donde la ideología de género revela su conexión más profunda con el combate espiritual. Sin saberlo, resucita una de las herejías más antiguas que el enemigo ha usado para atacar a la humanidad: **el gnosticismo**.

Los gnósticos de la antigüedad despreciaban el mundo material. Creían que el cuerpo era una prisión, una cárcel de carne para el espíritu, que era lo único puro y bueno. El objetivo era escapar del cuerpo para liberar al "verdadero yo" espiritual. Esta idea es un eco que resuena con fuerza hoy:

La ideología de género, en su núcleo, te vende la misma mentira gnóstica: que tu cuerpo biológico, tu sexo, es una "asignación" arbitraria, una jaula, y que tu "verdadero yo", tu identidad de género, es un espíritu o un sentimiento interior que puede estar atrapado en el cuerpo equivocado. Te dice: "No confíes en la verdad visible de tu cuerpo; confía solo en la verdad invisible de tus sentimientos".

Este divorcio entre el cuerpo y el alma es una forma profunda de impureza. La palabra "impuro" significa "no puro", es decir, mezclado, desintegrado. Al declarar la guerra a tu propio cuerpo, al verlo como un enemigo o un error, estás vandalizando la unidad sagrada de tu ser. Estás tomando el lenguaje con el que Dios te escribió —tu masculinidad o feminidad, inscrita hasta en tu ADN— y lo estás declarando un idioma muerto. Estás intentando separar lo que Dios ha unido de forma tan íntima. Y como en toda guerra civil, el campo de batalla que queda devastado eres tú mismo. La Iglesia, en cambio, te llama a la paz, a la integración: **a amar la totalidad de quien eres, cuerpo y alma, tal como el Arquitecto Divino te diseñó.**

La respuesta del guardián (verdad, compasión y testimonio)

Frente a un campo de batalla tan complejo y lleno de dolor, ¿cuál es tu misión, Guardián? No es cargar con la espada del juicio, sino con la linterna de la verdad y el bálsamo de la caridad. Tu respuesta se sostiene sobre tres pilares:

1. Caridad Radical

Tu primera arma es siempre el amor. Esto no es negociable. Te encontrarás con amigos y compañeros que viven en una profunda confusión y un dolor real respecto a su identidad. Tu primera y más importante respuesta es la de Cristo: acoger, escuchar, respetar, defender de todo acoso o bullying y amar incondicionalmente. Debes ser el puerto seguro de amistad para ellos, no un juez más. Recuerda, nuestro combate no es contra personas de carne y sangre, sino contra las ideologías y las mentiras que las hieren *(cf. Efesios 6, 12)*.

2. Claridad en la Verdad

El amor verdadero nunca puede basarse en una mentira. La caridad sin verdad es mera sensiblería. Un guardián debe tener el coraje de sostener dos cosas a la vez: un amor infinito por la persona y una fidelidad inquebrantable a la Verdad que nos ha sido revelada. Esto no significa dar sermones o golpear a la gente con el Catecismo. Significa que tú mismo debes estar tan arraigado en la belleza de la enseñanza de la Iglesia sobre la persona humana, que puedas vivirla y, cuando sea el momento oportuno, explicarla con dulzura y respeto, sin miedo a lo que el mundo piense de ti.

3. El Poder del Testimonio Gozoso

Esta es tu arma más poderosa. La mejor respuesta a una visión rota y confusa de la humanidad es una vida cristiana integrada y feliz. El mundo está desesperado por ver a jóvenes que vivan su masculinidad y su feminidad con alegría, con propósito y con pureza. Que muestren que el Blueprint Divino no es una jaula, sino el mapa hacia la plenitud y la aventura más grande. Al vivir tu identidad como hijo o hija de Dios de una forma segura y en paz, te conviertes en un faro. No tienes que gritar; tu sola luz se convierte en una pregunta silenciosa para un mundo perdido en la oscuridad: "¿Por qué tienes una paz que yo no tengo?".

Esa es tu misión, Guardián. No ganar una guerra cultural, sino ser un signo de contradicción y un embajador de la única Verdad que sana, integra y libera. Sé un testimonio vivo de que el diseño del Rey es, y siempre será, perfecto.

PREGUNTAS PARA EL GUARDIÁN EN EL CAMPO DE BATALLA

Has cruzado las líneas enemigas. Has estudiado el manual de tácticas del adversario y has visto cómo opera, desde la sutil tentación hasta el origen mismo del pecado. Ahora, el verdadero combate requiere autoconocimiento. Un guardián debe conocer el estado de su propia fortaleza. Tómate un momento para la reflexión. La honestidad contigo mismo es tu primera línea de defensa.

1. Tu "Feed" de Tentaciones: El Capítulo 3 describe la tentación como una "notificación push" que puedes ignorar o en la que puedes hacer clic. Pensando en la última semana, ¿cuáles fueron las "notificaciones" más frecuentes en la pantalla de tu mente? ¿En cuáles "hiciste clic" y te quedaste más tiempo del debido?

2. Identificando la Propaganda: De las "Tres Grandes Mentiras" del enemigo (1. La santidad es aburrida, 2. Estás solo en tu lucha, 3. Tu pecado ya no tiene remedio), ¿cuál de ellas es la que más resuena contigo en tus momentos de debilidad? ¿Por qué crees que eres más vulnerable a ese mensaje en particular?

3. El Juego de las "Puertas Abiertas": Los capítulos 4 y 5 hablan de cómo las prácticas ocultistas (ouija, tarot, astrología) son "puertas abiertas" al territorio enemigo. ¿Has considerado alguna vez estas prácticas como un "juego inofensivo" o una simple "curiosidad"? ¿Cómo cambia tu perspectiva al entender que no estás "jugando", sino que estás llamando a una puerta sin saber quién va a responder?

4. El Verdadero "Jefe Final": El Capítulo 6 redefine la "posesión" más común como el estado de pecado mortal, una esclavitud voluntaria. ¿Hay algún área o hábito en tu vida donde, si eres honesto, no te sientes libre? ¿Un pecado recurrente que te hace sentir atado, como si no fueras tú quien tiene el control?

5. La Llave Maestra: La Confesión es presentada como el arma que libera de la "verdadera posesión" del pecado. ¿Cómo ves tú este sacramento? ¿Como un trámite incómodo y vergonzoso, o como la llamada a las "fuerzas especiales" de la misericordia de Dios para liberarte de una celda? ¿Qué te impide usar esa llave con más frecuencia?

6. El Eco del "Non Serviam": El Capítulo 7 identifica la rebelión como el virus original. Piensa en una decisión reciente donde sabías lo que era correcto según la fe, pero elegiste hacer lo contrario. ¿Qué buscabas en ese acto de rebelión? ¿Control, placer, aceptación, independencia? Identifica el "premio" que el enemigo te ofreció.

7. La Autoridad bajo Ataque: La rebelión se manifiesta contra la autoridad (padres, Iglesia). ¿En cuál de estas áreas sientes más "fricción" o deseo de rebelarte? ¿Qué creencia alimenta esa fricción? (Ej: "No me entienden", "Limitan mi libertad", "Son anticuados").

8. La Raíz de la Tentación: Elige una tentación recurrente en tu vida (Capítulo 3). Ahora, intenta conectarla con el "virus de la rebelión" (Capítulo 7). Por ejemplo, ¿una tentación de mentir está conectada a una rebelión contra la verdad? ¿Una tentación de pereza está conectada a una rebelión contra tu deber o misión?

9. Hollywood vs. El Vaticano: Antes de leer estos capítulos, ¿tu idea de la posesión y el exorcismo se parecía más a una película de terror o a lo que la Iglesia realmente enseña (un acto litúrgico, raro y que demuestra el poder de Cristo)? ¿Saber la verdad te da más o menos miedo?

10. La Verdadera Esclavitud: El pecado promete libertad y placer, pero el libro argumenta que en realidad esclaviza. ¿En qué sentido un pecado que hayas cometido te ha hecho menos libre después de haberlo cometido (por ejemplo, a través de la culpa, el miedo a ser descubierto, la necesidad de mentir más, el daño a una relación)?

Ahora la exploración se vuelve más profunda. Has analizado las tácticas generales del enemigo y la naturaleza del pecado. Es momento de inspeccionar las zonas de conflicto más desafiantes: tu relación con la fe, con la Iglesia y con tu propio cuerpo. La valentía de un guardián se mide por su coraje para mirar estas áreas con honestidad.

11. La Línea de la Deserción: El Capítulo 8 distingue entre tener dudas (hacer preguntas como un soldado curioso) y la apostasía (desertar del ejército). Siendo honesto contigo mismo, ¿dónde te encuentras ahora? ¿Tus preguntas te están llevando a buscar respuestas más profundas dentro de la fe, o están alimentando un deseo de alejarte de la "religión organizada"?

12. El Atractivo de la "Tierra de Nadie": La frase "soy espiritual, pero no religioso" es presentada como una trampa. ¿Qué es lo que te resulta atractivo de esa idea? ¿Es la promesa de una libertad sin reglas, o es una forma de evitar el compromiso y el sacrificio que exige una relación real con Dios dentro de su Iglesia?

13. El Veneno del Escándalo: Cuando escuchas noticias sobre escándalos o pecados graves cometidos por sacerdotes o fieles de la Iglesia (Capítulo 9), ¿cuál es tu primera reacción interna? ¿Es un dolor que te lleva a rezar por la purificación de la Iglesia, o es un pensamiento que te sirve de excusa para justificar tu propia distancia o desconfianza?

14. El Capitán o la Tripulación: El libro presenta a la Iglesia como un "Arca Insumergible" con una tripulación a veces herida o torpe. ¿Tu fe está puesta en la perfección de la tripulación (los católicos) o en la promesa del Capitán (Cristo) de que la nave nunca se hundirá? ¿Qué puedes hacer para fortalecer tu relación personal con Cristo, de modo que los fallos de los hombres no te hagan saltar por la borda?

15. El Antídoto de la Santidad: Se te llama a ser la solución al problema del escándalo, no un crítico más. ¿Qué acto concreto de servicio, caridad o santidad puedes realizar esta semana dentro de tu comunidad (parroquia, grupo juvenil, familia) para ser una luz que sane y repare, en lugar de una voz que solo señale la oscuridad?

16. La Arquitectura del Templo: El Capítulo 10 enmarca tu cuerpo como un "Templo del Espíritu Santo". Más allá de lo puramente sexual, ¿cómo tratas a tu Templo en el día a día? ¿Con la comida que le das, con el descanso que le permites, con la forma en que lo vistes? ¿Refleja el respeto por un lugar sagrado, o el descuido de un edificio abandonado?

17. El Vandalismo Digital: La batalla por la pureza se libra en tu "feed" mental. ¿Qué cuentas, series, películas o tipos de contenido estás permitiendo que "vandalicen" las paredes de tu Templo interior con imágenes o ideas que profanan la dignidad humana? ¿Cuál es el primer "unfollow" o "delete" que debes hacer hoy para empezar a limpiar el santuario?

18. La Falsificación del Amor: La impureza (pornografía, masturbación) se presenta como un "amor falsificado", un acto de egoísmo que entrena al alma para usar y no para amar. ¿Has creído la mentira de que estos actos son "personales" y "no dañan a nadie"? ¿Cómo te ayuda a combatirlos el entender que cada uno de esos actos es un entrenamiento que te aleja de tu capacidad para el amor auténtico y sacrificial?

19. La Conexión de las Brechas: ¿Puedes ver cómo el "virus de la rebelión" (Cap. 7) que dice "no necesito reglas" conecta directamente con el abandono de la Iglesia (Cap. 8) y con la dificultad para vivir la pureza (Cap. 10)? ¿Cómo el rechazar la autoridad y la sabiduría de la Iglesia te deja más expuesto y desarmado en la batalla por la castidad?

20. Tu Frente Prioritario: Después de analizar estas zonas de conflicto tan intensas, ¿cuál de ellas (duda y apostasía, dolor por la Iglesia, o la lucha por la pureza) sientes que es tu campo de batalla más importante en este momento de tu vida? ¿Qué arma o estrategia de las que has visto te sientes más llamado a empezar a usar para ganar terreno allí?

21. El Don de tu Creación: El capítulo 11 presenta tu ser como hombre o mujer como un "Blueprint Divino", un regalo con un propósito. Más allá de los roles o estereotipos culturales, ¿alguna vez te has detenido a dar gracias a Dios por haberte creado específicamente como hombre o como mujer? ¿Qué dones o características únicas de tu masculinidad o feminidad ves como una fortaleza para tu misión como Guardián de la Luz?

22. Tu Fuente de Verdad: La ideología de género propone que tu verdad más profunda reside en tus sentimientos internos. La fe católica propone que reside en la Verdad que Dios nos ha revelado. En tu vida diaria, al formar tus opiniones sobre temas importantes, ¿a qué autoridad le das más peso: a cómo te sientes respecto a algo, o a lo que Dios y su Iglesia te han enseñado que es?

23. El "Hackeo" Cultural: El capítulo 11 describe el rechazo de nuestra naturaleza biológica como un "Non Serviam" contra la Creación. ¿En qué medida la cultura que consumes (redes sociales, series, música) te presiona para que veas tu cuerpo como algo "editable" o "personalizable" a tu gusto, en lugar de un don sagrado que debes recibir y custodiar?

24. El Templo Integrado: La fe nos enseña que no "tenemos" un cuerpo, sino que "somos" nuestro cuerpo y alma en una unidad sagrada. En la práctica, ¿cómo vives esta verdad? ¿Ves una conexión real entre tu salud física y tu salud espiritual? ¿Entiendes cómo el profanar tu cuerpo con la impureza o el tratarlo como un enemigo afecta directamente a la paz de tu alma?

25. La Doble Misión del Guardián: El capítulo 11 te llama a una doble misión: caridad radical y claridad en la verdad. Imagina que un amigo cercano te confiesa que está confundido sobre su identidad de género. ¿Cuál de las dos respuestas te resultaría más difícil dar en este momento: amarlo incondicionalmente sin juzgar su dolor, o mantenerte fiel a la verdad de la fe con dulzura, sin ceder a la presión de afirmar algo que la fe te enseña que no es real? ¿En cuál de las dos (caridad o verdad) necesitas pedirle más ayuda al Espíritu Santo?

PARTE III – EL ARSENAL DEL GUARDIÁN: LAS ARMAS DE LA LUZ

CAPÍTULO 12 - TUS SUPERPODERES ESPIRITUALES: EL ARSENAL DIVINO

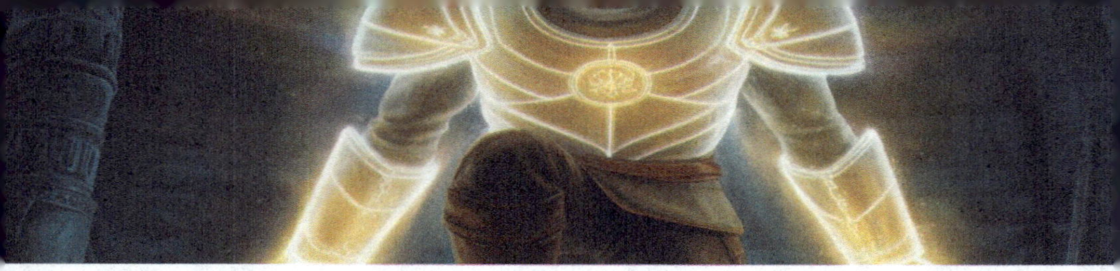

Muy bien, Guardián. Has estudiado al enemigo y sus tácticas. Ahora, la parte más importante: tu equipamiento. En esta guerra no te han enviado con las manos vacías. El Rey te ha entregado un arsenal de armas divinas, herramientas de poder celestial tan reales y efectivas que hacen que cualquier cosa que el enemigo te lance parezca un juguete roto. No son amuletos mágicos ni gestos vacíos. Son encuentros reales y directos con la gracia de Dios. Son tus superpoderes. Son los Sacramentos.

1. El Bautismo: el Sello del Reino

Antes de que fueras consciente de la batalla, el Rey ya te reclamó para su bando. El Bautismo fue tu extracción del territorio enemigo del pecado original y tu ingreso oficial en el ejército de la Luz. En ese momento, sucedieron tres cosas increíbles:

1. **Fuiste hecho hijo de Dios:** Dejaste de ser una simple criatura para convertirte en un heredero del Reino.
2. **Fuiste limpiado:** La mancha del pecado original fue borrada, tu "sistema operativo" fue restaurado a su configuración de fábrica divina.
3. **Fuiste sellado:** Esto es crucial. El sacerdote te marcó con el óleo sagrado, y en tu alma se imprimió un sello espiritual indeleble. Es una marca que el Cielo reconoce y que el infierno teme. Es tu "dog tag" espiritual, tu ciudadanía celestial que grita: "¡Propiedad de Cristo!". El enemigo ve ese sello y sabe que no eres un objetivo cualquiera. Eres familia del Rey *(cf. 2 Corintios 5, 17)*.

2. La Confirmación: la Armadura del Espíritu Santo

Si el Bautismo fue tu reclutamiento, la Confirmación es tu graduación de la academia militar. Es el momento en que el Rey te mira a los ojos y te dice: "Ahora estás listo. Te envío a la misión". Es tu Pentecostés personal.

En la Confirmación, recibes una "descarga" completa de los dones del Espíritu Santo. Es como pasar de ser un recluta con equipo básico a ser un comando de fuerzas especiales con una armadura de última generación. El obispo te unge con el Santo Crisma, y esa unción es el sello de tu armadura. No es solo para protegerte, ¡es para darte el poder de ir a la ofensiva! Te da la fuerza no solo para creer en la Luz, sino para ser la Luz para otros, para dar testimonio de Cristo con una audacia que no viene de ti, sino del Espíritu que ahora arde en tu interior. Recuerda a los Apóstoles: antes de Pentecostés, estaban escondidos y llenos de miedo. Después, salieron y pusieron el mundo de cabeza por Cristo *(cf. Hechos 2, 1-4)*. Ese mismo poder se te da a ti.

3. La Confesión: el Arma que el enemigo más odia

De todas las armas en tu arsenal, esta es la que el enemigo detesta con más furia. ¿Por qué? Porque la Confesión es el "botón de reinicio" de la gracia de Dios, y aniquila por completo su trabajo.

Cada vez que caes, cada vez que el enemigo logra una pequeña victoria a través del pecado, te susurra la mentira de la desesperanza. Pero la Confesión es el contraataque definitivo. Es el lugar donde expones las tácticas del enemigo a la luz de Cristo, y la oscuridad no puede sobrevivir a la luz. Es un acto de humildad, y nada es más venenoso para el orgullo de Satanás que la humildad de un hijo que dice: "Padre, he pecado".

En ese momento, a través del sacerdote, la misericordia de Dios fluye como un torrente y hace tres cosas que el enemigo no puede soportar:

> 1. **Borra tu pecado:** Lo desintegra. Lo reduce a la nada.
> 2. **Sana tu herida:** Limpia la infección espiritual antes de que se agrave.
> 3. **Te llena de nueva gracia:** Sales de ahí no solo perdonado, sino más fuerte que antes.

No veas la Confesión como el banquillo de los acusados. ¡Es la sala de urgencias y el taller de reparaciones del alma! Es el lugar donde Jesús mismo, a través del sacerdote, te levanta, te limpia las heridas y te dice: "La batalla no ha terminado. Vuelve a la lucha" *(cf. Juan 20, 22-23).*

4. La Eucaristía: fusión con la Fuente de Poder

1. La Fuente de todos los Superpoderes

Este no es solo un superpoder. Es la fuente de todos los superpoderes. La Sagrada Eucaristía no es un símbolo, no es una galleta conmemorativa, no es una bonita tradición. Es, literalmente, Jesucristo: su Cuerpo, Sangre, Alma y Divinidad.

2. Fusión con la Central Eléctrica

Cuando recibes la Comunión, no estás solo recibiendo un "power-up". Estás fusionándote con la Central Eléctrica del universo. Estás permitiendo que el Rey del Cosmos, el Vencedor de la muerte, habite físicamente dentro de ti.

3. El Tabernáculo Andante en la Guerra Espiritual

Piensa en lo que eso significa en la guerra espiritual. Te conviertes en un Tabernáculo andante. La presencia de Cristo irradia desde tu interior. Para un demonio, que no puede soportar la santidad de Jesús, acercarse a un alma en estado de gracia que acaba de comulgar es como para una criatura de las sombras intentar abrazar el sol. Se quema. Se retira.

4. El Alimento para el Combate

La Eucaristía es tu alimento para el combate. Te fortalece, te purifica de los pecados pequeños, te une más íntimamente a tu Rey y te protege contra el mal futuro. Jesús fue muy claro: "Quien come mi carne y bebe mi sangre, permanece en mí y yo en él" *(cf. Juan 6, 56)*. Si permaneces en Él y Él en ti, ¿qué batalla puedes perder?

Este es tu arsenal, Guardián. No lo dejes acumulando polvo. Un soldado que no cuida sus armas ni se alimenta es un soldado derrotado. Acude a ellas a menudo. Vívelas con fe. Porque el Rey no solo te ha llamado a la batalla, te ha equipado para una victoria aplastante.

CAPÍTULO 13 - EL ENTRENAMIENTO DIARIO DEL GUARDIÁN

Tienes tu armadura y tus armas de poder en los Sacramentos. ¡Excelente! Pero un guardián de élite no guarda su equipo en un museo. Lo usa. Lo mantiene. Se entrena con él cada día hasta que el arma es una extensión de su propio brazo. La batalla espiritual no se gana solo en los grandes momentos, sino en la disciplina silenciosa del día a día. Este es tu régimen de entrenamiento, el "gym" espiritual que te mantendrá ágil, fuerte y listo para la acción.

1. La Oración: tu "Línea Directa" con el Mando Central

Un soldado aislado es un soldado vulnerable. La oración es tu sistema de comunicaciones en tiempo real con el Comandante en Jefe. No es un monólogo que lanzas al vacío; es una conversación. Es informar de tu estado, escuchar órdenes, pedir refuerzos y, sobre todo, recordar para quién luchas. El enemigo tiembla ante un alma que ora, porque un alma que ora nunca está sola.

No te compliques. Habla con Dios como lo harías con un Padre y un Rey. Habla con Jesús como tu hermano y tu Capitán. Habla con el Espíritu Santo como tu consejero y tu estratega personal.

Y tienes una oración de combate que Jesús mismo nos enseñó: el Padre Nuestro. No es solo una plegaria para niños; es un decreto de guerra. Analízala:

"Padre Nuestro que estas en el Cielo" → Proclamas que tienes un Padre y un Rey, que tiene un Reino al que te hace partícipe por ser su Hijo.

"Santificado sea tu Nombre, venga a nosotros tu Reino" → Proclamas su soberanía sobre tu vida y tu entorno.

"Danos hoy nuestro pan de cada día" → Pides los suministros físicos y espirituales para la jornada.

"Perdona nuestras ofensas, como también nosotros perdonamos" → Reparas cualquier brecha en la unidad de las tropas.

"No nos dejes caer en la tentación y líbranos del mal (del Maligno)" → ¡Esta es una petición directa de protección y cobertura aérea! Es pedirle al Padre que active los escudos y te guíe a través del campo minado.

2. El Ayuno: la disciplina del Guardián de Élite

Si la oración es la comunicación, el ayuno es lo que agudiza tu oído para escuchar la respuesta. Primero, aclaremos lo que NO es: no es una dieta para perder peso, no es un castigo para que Dios te quiera más, y no es una huelga de hambre para forzar a Dios a que te dé lo que quieres.

El ayuno es una de las armas más antiguas y potentes. Es el arte de decirle a tu cuerpo: "Tú no estás al mando. Mi espíritu, unido a Dios, está al mando". Si puedes decirle "no" a una pizza, a un refresco o a una hora de TikTok, estás construyendo el músculo espiritual para decirle "NO" a una tentación mayor. Es una declaración de que tus apetitos no te gobiernan.

Además, el ayuno desconecta el "ruido" de las comodidades del mundo para que la "señal" del Cielo llegue más clara. Es tomarte en serio la batalla. Jesús mismo nos enseñó que hay una clase de enemigos espirituales tan tercos que "no pueden ser expulsados sino por la oración y el ayuno" *(cf. Marcos 9, 29)*. Al ayunar, le estás diciendo a Dios: "Señor, esta batalla me importa. Estoy dispuesto a sacrificar mi comodidad para unirme más a Ti y luchar con más fuerza".

¿Cómo ayunar? Empieza con algo sencillo y concreto. Ayuna de dulces un día. Sáltate una comida (si tu salud lo permite) y dedica ese tiempo a la oración. Ayuna de videojuegos o de redes sociales por una tarde. **Elige tu sacrificio, ofréceselo a Dios y únelo a la oración. El ayuno sin oración es solo una dieta. La oración con ayuno es poder de combate**.

3. La Palabra de Dios: el Manual de Estrategia

Un guerrero no entra a ciegas al campo de batalla. Estudia el terreno, conoce a su Rey y aprende las tácticas del enemigo. La Biblia es todo eso y más. Es el manual de estrategia divina. Es el "código fuente" de la realidad que desenmascara las mentiras del mundo.

Cuando el diablo tentó a Jesús en el desierto, ¿cómo respondió el Señor? Con la Palabra. Cada mentira fue aplastada por un "¡Está escrito!". La Palabra de Dios no es solo tinta sobre papel; el libro de Hebreos dice que es "viva y eficaz, y más cortante que toda espada de dos filos" *(cf. Hebreos 4, 12)*.

Cuando te sientas débil, lee los Salmos. Cuando necesites valor, lee la vida de David. Cuando quieras entender el amor, lee las cartas de Juan. Cuando quieras saber cómo luchar, lee las cartas de Pablo. Y cuando quieras ver el rostro de tu Rey, lee los Evangelios. **Abre tu manual de estrategia cada día. Cinco minutos de lectura de la Palabra son como afilar tu espada espiritual.**

4. Adoración Eucarística: recargando baterías en la Fuente de Poder

Si la Comunión es el momento en que el Rey entra en tu castillo, la Adoración Eucarística es el privilegio de ir tú a la Sala del Trono y simplemente estar en su presencia. Es el secreto de los guardianes más fuertes.

Después de la Misa, a veces el sacerdote toma una Hostia consagrada —que es Jesús mismo— y la coloca en un objeto dorado llamado custodia o sagrario, para que podamos estar con Él, mirarlo y adorarlo. **No te dejes intimidar por el silencio. El poder de la Adoración no está en lo que tú haces, sino en lo que Él hace en ti solo por estar ahí.**

Imagina que eres un dispositivo electrónico con la batería baja. La Adoración es conectar tu cable directamente al Reactor Divino. No tienes que hacer nada para que la energía fluya, solo estar conectado. Al sentarte en presencia real de Jesús en la Eucaristía, Su santidad, Su paz y Su luz te irradian. Sana las heridas que no sabías que tenías, ahuyenta tinieblas de tu mente y te fortalece de una manera profunda y silenciosa. Es como sentarse al sol: no sientes el trabajo de la vitamina D, pero te está fortaleciendo.

¿Qué hacer en Adoración?

- Nada. Simplemente siéntate en silencio. Deja que Él te mire y tú míralo a Él. Es el encuentro más profundo.
- Habla con Él. Cuéntale todo, en el silencio de tu corazón, como a tu mejor amigo.
- Lee y ora con la Biblia. Leer los Evangelios frente a Él es como ver una película con los comentarios del director. Orar con los Evangelios es responder a estos comentarios.
- Canta y Adora: Es una bella forma de expresarle tu amor al Rey, te llena y a Él le complace. Además, es una forma de liberar el alma de las cadenas opresoras *(cf. Hechos 16, 25-26)*.
- Reza el Rosario. Estás con Jesús, meditando sobre su vida junto a su Madre. ¿Hay algo más poderoso?

En el Huerto de Getsemaní, Jesús preguntó a sus amigos más cercanos: "¿Ni siquiera una hora pudisteis velar conmigo?" *(cf. Mateo 26, 40)*. La Adoración es tu respuesta a esa pregunta a través de los siglos. Es decirle: "Sí, Señor. Aquí estoy. Velaré contigo".

5. La devoción a María y a los Santos: tu equipo de apoyo

¡Jamás luches solo! Perteneces a un ejército inmenso que abarca el cielo y la tierra. Tienes aliados poderosos, veteranos que ya ganaron su batalla y ahora son tu equipo de apoyo.

María, Reina de los Ángeles

Ella es la Comandante de los ejércitos celestiales, la Reina Guerrera, la mujer cuya descendencia aplastó la cabeza de la serpiente *(cf. Génesis 3, 15)*. Es la pesadilla personal de Satanás. Acudir a ella, rezar el Rosario, es como tomar de la mano a la mujer más temida por todo el infierno. El Rosario no es una repetición vana; es una cadena de batalla, un ancla en la tormenta.

Miguel Arcángel, el General

Su nombre es un grito de guerra: "¿Quién como Dios?". Es el príncipe de la milicia celestial. Cuando la batalla se pone intensa, cuando sientes la presión del mal, invócalo. La oración a San Miguel es como lanzar una bengala al cielo pidiendo un despliegue inmediato de las fuerzas especiales angélicas

Los Santos, tus Hermanos Mayores

Son los héroes que ya están en el salón de la fama. Son tus hermanos mayores, tus entrenadores personales en el cielo. ¿Luchas con la impureza? Llama a San José o a Santa María Goretti. ¿Necesitas coraje? Pide ayuda a San Jorge o a Santa Juana de Arco. Ellos interceden por ti, te inspiran y te recuerdan que la victoria es posible.

6. Caridad y Alegría: el "Repelente" definitivo

Esta puede ser el arma más subestimada y, a la vez, la más poderosa. El ecosistema natural del enemigo es la oscuridad, el egoísmo, la tristeza, la amargura y la queja. Odia la luz, el amor, la generosidad y, sobre todo, la alegría.

La alegría cristiana no es una emoción superficial; es una decisión basada en la verdad de que Cristo ha vencido. Es un acto de desafío. Un cristiano que vive en la caridad —sirviendo a los demás, perdonando, siendo amable— y en la alegría, se convierte en un "repelente" andante para el mal. Su vida es una bofetada a la mentira del diablo de que este mundo es un lugar miserable y sin esperanza.

Cuando te sientas tentado a la tristeza, haz un acto de servicio. Cuando te sientas tentado al egoísmo, da algo tuyo. Cuando sientas que la oscuridad te rodea, pon música de alabanza o simplemente da gracias a Dios por algo pequeño. Estarás librando una guerra sin lanzar un solo golpe, simplemente viviendo en la frecuencia de la Victoria. Como decía San Pablo, un experto en el combate: "Alegraos siempre en el Señor. Os lo repito: ¡Alegraos!" *(cf. Filipenses 4, 4)*.

Este es tu entrenamiento, Guardián. Oración, Ayuno, Palabra, Adoración, Aliados y Alegría. No es una carga, es el estilo de vida de un campeón. ¡Ahora, a entrenar!

CAPÍTULO 14 - ¡CUIDADO CON LAS TRAMPAS! EL ARTE DEL DISCERNIMIENTO

Has sido equipado y entrenado, Guardián. Conoces tus armas y tu rutina de combate. Pero la batalla más astuta no se libra con fuerza bruta, sino en el campo minado de tu mente y tu corazón. El enemigo es el maestro del camuflaje, el experto en la falsificación, el hacker que intenta corromper tu sistema con virus disfrazados de archivos seguros. Por eso, un guardián de la luz no solo debe ser fuerte, debe ser sabio. Y la sabiduría en el campo de batalla tiene un nombre: **Discernimiento**.

El discernimiento es tu visor de infrarrojos espiritual. Es la habilidad, dada por el Espíritu Santo, de ver más allá de las apariencias, de distinguir la señal del ruido, de saber qué viene de tu Rey y qué es una trampa del enemigo.

1. ¿El enemigo, Dios o un simple "Bug" de tu sistema?

El primer paso del discernimiento es identificar la fuente. Tus pensamientos, sentimientos e impulsos pueden venir de tres lugares distintos. Aprender a diferenciarlos es clave.

1. La Voz del Enemigo

Es el maestro de la acusación y la ansiedad. Su voz te deja un rastro de amargura, inquietud, confusión y desesperanza. Te empuja a la prisa, al secreto y al aislamiento. Te acusa por tus errores pasados para hacerte sentir que no tienes remedio y te infla de orgullo para que creas que no necesitas a Dios. Su firma es el **caos**.

2. La Voz de Dios

Es el susurro del Espíritu Santo. Su voz, incluso cuando te corrige o te reta, siempre trae una paz profunda. Te da claridad, convicción para cambiar (no una condena que aplasta), esperanza, un deseo de estar con otros y un amor genuino. Te lleva a la humildad y a la confianza. Su firma es la **paz** *(cf. Gálatas 5, 22-23).*

3. Tu Propio Ruido

Seamos sinceros. A veces, no es el diablo, eres tú. Estás de mal humor porque dormiste mal, sientes envidia por una herida no sanada, tienes un arranque de pereza por un mal hábito. Esta es nuestra naturaleza humana, herida pero no destruida, lo que la Biblia llama "la carne". Culpar al diablo por tu propia falta de disciplina o por tus problemas psicológicos es, en sí mismo, una trampa que te impide crecer y sanar. El discernimiento también es la honestidad de decir: "Esto es mío, y con la gracia de Dios, voy a trabajar en ello".

2. La Regla de Oro: ¡Jamás luches solo!

Un soldado de élite nunca desactiva una bomba solo. Un agente de campo nunca se adentra en territorio enemigo sin comunicación con su base. En la guerra espiritual, esta es la regla de oro: no te aísles. El autoengaño es el arma más sutil del enemigo.

El secreto es el caldo de cultivo del diablo. Odia la luz, y la luz más brillante es la comunidad de la Iglesia. Por eso, es absolutamente vital tener un guía, alguien con quien puedas hablar con total honestidad.

1. **Tu Confesor:** Un sacerdote sabio es un oficial experimentado en el campo de batalla espiritual.
2. **Un Director Espiritual o Líder Juvenil:** Alguien con formación y fe, que pueda darte una perspectiva externa y sensata.
3. **Tus Padres (si son personas de fe):** A menudo, su amor y experiencia son un faro de luz.
4. **Tu Comunidad:** Tus hermanos en la fe son tus compañeros de batalla. Por lo que en ellos puedes encontrar muchas veces la ayuda del Rey.

Cuando sientas confusión, cuando una idea "espiritual" te parezca extraña, cuando una lucha te abrume, aplica la regla de oro: cuando dudes, pregunta. Arrastra esa idea, esa tentación o esa duda a la luz, háblala con tu guía. Verás cómo muchas de las trampas del enemigo se desvanecen como humo al ser expuestas.

3. ¡Alerta Roja! Detectando las minas terrestres

El enemigo es astuto y crea trampas que parecen espirituales y atractivas. Aquí tienes una guía de campo para detectar las más comunes:

La Espiritualidad "A la Carta"

Es la trampa del "buffet espiritual". "Me gusta la meditación de los budistas, los cristales de la Nueva Era, el horóscopo del periódico y la Misa de los domingos... cuando puedo". ¡Peligro! Esto trata a la verdad como una opinión y mezcla fuerzas que no son compatibles.

Es como intentar correr un programa de Mac en un sistema Windows con un cargador de Android. Provocarás un cortocircuito. La fe católica es un sistema operativo completo y coherente, no una app que puedas añadir a una pantalla de inicio desordenada.

La Adivinación (Tarot, Ouija,Horóscopos)

Esta es una trampa mortal. Es llamar a cualquier puerta en el mundo espiritual y preguntar por el futuro. Dios, en su sabiduría, nos revela lo que necesitamos saber. Intentar forzar ese conocimiento por otros medios es un acto de desconfianza en Él y una invitación directa a que te responda el "padre de la mentira" *(cf. Deuteronomio 18, 10-12)*.

Amuletos vs Sacramentales

¿Existe diferencia entre una pulsera de "buenas vibras" y un escapulario bendecido? ¡Si! El amuleto se basa en la superstición, en la creencia de que un objeto tiene poder en sí mismo. El sacramental (rosario, medalla, agua bendita) no tiene poder propio; es un signo sagrado que nos recuerda el poder de Dios y nos dispone a recibir Su gracia por la fe. Uno es magia, el otro es fe.

"Gurus" que atacan a la Iglesia

Cuidado con cualquiera que te diga: "Tengo un secreto que la Iglesia no quiere que sepas" o "La Iglesia es corrupta, sígueme a mí". Jesús fundó Su Iglesia sobre roca y prometió que estaría con ella hasta el fin de los tiempos *(cf. Mateo 16, 18)*. Quien te pide que te alejes de la barca de Pedro en medio de la tormenta, no quiere salvarte, quiere que te ahogues.

El test definitivo del discernimiento es este: **¿Esto me acerca más a Jesús, a los Sacramentos y al amor a los demás? ¿Me hace más humilde, pacífico y servicial?** Si la respuesta es no, si te lleva a la confusión, al orgullo o al aislamiento, es una trampa. Pide cada día al Espíritu Santo el don de discernimiento. Es el compás del guardián, el que te mantendrá siempre en el camino hacia el Rey.

CAPÍTULO 15 - EN LA LÍNEA DE FUEGO: GUÍA DE SUPERVIVENCIA PARA EL GUARDIÁN DE LA LUZ

Bienvenido a la línea de fuego, Guardián. Has completado tu instrucción. Tu armadura brilla y tu espada está afilada. Pero ahora viene la verdad que todo veterano conoce: la batalla real no es como el campo de entrenamiento. En la batalla real hay barro, confusión, ruido y cansancio. En la batalla real, a veces, caes. A veces, sientes miedo. Y a veces, en el silencio agotador que sigue al combate, sientes que estás completamente solo.

Este capítulo no está en los manuales de reclutamiento. Este es el conocimiento que se pasa de veterano a soldado en la víspera de la batalla. Es la guía de supervivencia para cuando las cosas se ponen feas. Porque un Guardián de Cristo no se define por su capacidad para no caer nunca, sino por la gracia y la terquedad con la que siempre, siempre se vuelve a levantar.

1. "¡He Caído!" - El protocolo de recuperación inmediata

Tarde o temprano, sucederá. Un mal paso, una vieja debilidad, una tentación bien jugada por el enemigo... y estás en la lona. El pecado ha entrado. En ese momento, el enemigo celebra y activa su protocolo favorito: el de la vergüenza y la desesperación. Pero tú tienes el tuyo. Actívalo.

Paso 1: ¡Levántate!

El primer segundo es crucial. El pecado te derriba, pero es la desesperanza la que te derrota. El primer acto de guerra después de una caída no es lamentarse, es levantarse. Aunque sea sobre una rodilla. Es un acto de voluntad pura, un grito de desafío en tu interior que dice: "No me quedaré aquí". Rechaza la dulce y pegajosa tentación de revolcarte en tu propio fango. El Rey no ha muerto. La guerra no ha terminado. ¡Arriba, soldado!

Paso 2: Llama al Médico

(La Confesión es la Prioridad N°1). Una herida de bala en el campo de batalla no se cura con tiritas ni con buenos deseos. Se trata en el hospital de campaña. La Confesión es tu hospital. No es una corte marcial. Es la tienda del Cirujano Jefe, que es Cristo mismo. Ve lo antes posible. No dejes que la herida del pecado mortal se infecte con el orgullo y la vergüenza. El sacerdote está ahí para aplicarte la medicina de la Misericordia, no para juzgar tu torpeza. Cada minuto que esperas es una pequeña victoria para el enemigo. ¡No se la concedas!

Paso 3: Distingue la culpa de la vergüenza

El Espíritu Santo te dará el don de la culpa: "Hijo, eso estuvo mal. Vuelve a casa. El Padre te espera con un abrazo". Es una tristeza que te mueve al amor y a la acción. El enemigo, en cambio, te inyectará la vergüenza tóxica: "Eres un desastre. Eres una vergüenza. Escóndete. Nadie debe saberlo". Es una voz que te aísla y te paraliza. Rechaza esa voz con violencia. Eres un hijo amado que ha tropezado, no un traidor sin remedio. El Padre corrió a abrazar al Hijo Pródigo cuando todavía olía a pocilga; hará lo mismo contigo *(cf. Lucas 15, 20-24).*

Paso 4: Analiza la "Caja Negra"

Después de que el avión se estrella, los expertos analizan la caja negra para evitar futuros accidentes. Una vez que estés en gracia tras la confesión, y solo entonces, puedes mirar atrás con calma y sabiduría. ¿Por qué caí? ¿Estaba cansado? ¿Descuidé la oración? ¿Me puse voluntariamente en una situación de riesgo? Aprende de ello. Fortalece esa área. Y luego, sigue adelante. No te quedes escuchando la grabación del choque una y otra vez.

2. "Siento Miedo" - El protocolo de contención de la ansiedad

Guardián, el miedo es una de las principales armas de interferencia del enemigo. La ansiedad es como una niebla densa en el campo de batalla: te aísla, distorsiona las sombras y paraliza tus movimientos. No es solo una emoción; es una estrategia del adversario para neutralizarte. Cuando sientas que esta niebla helada comienza a envolverte, no te quedes paralizado. Activa el protocolo de contención.

Paso 1 → Activa las Defensas Inmediatas
(El Contraataque Espiritual)

En el primer instante del ataque de pánico o ansiedad, antes de que la espiral tome control, desenfunda tus armas espirituales de emergencia. Son tu respuesta de reflejo:

> - **Invoca el Nombre de Jesús** → Pronuncia el nombre de "Jesús" en voz alta o en tu corazón. Es el Nombre ante el cual toda rodilla se dobla, en el cielo, en la tierra y en el abismo *(cf. Filipenses 2, 10)*. Dilo con autoridad. No es una palabra mágica, es el Nombre del Rey. Es recordar a toda la creación, visible e invisible, quién está al mando. Es plantar su bandera en medio de tu tormenta interior. Es llamar al Rey al centro de tu batalla.

- **<u>Aférrate al Ancla</u> →** Cuando tu mente esté en un torbellino, ánclate. Toma tu rosario o un crucifijo bendecido en tu mano. Siente su peso, su forma. Traza sobre ti la Señal de la Cruz, lenta y deliberadamente. Rocía un poco de agua bendita en tu habitación. Son gestos físicos que le gritan a tu alma la verdad de tu fe y te conectan con la realidad tangible de la protección de la Iglesia.

- **<u>Activa el Escudo de la Confianza</u> →** Ten memorizadas oraciones cortas y poderosas. El grito del salmista: "Aunque camine por valles de tinieblas, nada temo, porque tú vas conmigo" *(cf. Salmo 23, 4)*. La oración de los peregrinos de la Divina Misericordia: **"Jesús, en Ti confío"**. O la más simple de todas: **"Señor, ven en mi auxilio".** Son un escudo de fuerza instantánea.

Paso 2 → Llama a la Caballería
(El Poder de la Mediación Humana)

Un guardián nunca está solo, aunque el miedo le mienta y le diga que sí. Dios ha dispuesto refuerzos humanos para ti. ¡Llamarlos es un acto de humildad y sabiduría!

- **<u>El Compañero de Trinchera</u> →** El miedo prospera en el secreto. Su poder se reduce a la mitad en el instante en que lo nombras en voz alta a otra persona. Llama o escribe a un amigo de confianza, a uno de tus padres, a un mentor. No necesitas que te den una solución; necesitas romper el aislamiento. Un verdadero amigo "ama en todo tiempo, y es un hermano en la angustia" *(cf. Proverbios 17, 17)*. Permitir que alguien luche contigo es permitir que la gracia de Dios te llegue a través de la amistad.

- **<u>El Oficial al Mando</u> →** Acude a un sacerdote. No subestimes el poder que Cristo le ha dado. Pídele que rece por ti, que te dé una bendición. A menudo, la ansiedad y el miedo están ligados a pecados o heridas que necesitan ser sanados. El sacramento de la Confesión es un arma increíblemente poderosa contra la ansiedad, porque la paz es un fruto directo del perdón de Dios.

- **<u>El Cuerpo de Médicos</u>** → Sé sabio. Dios es el creador de la ciencia y la medicina. Si tu ansiedad es persistente, severa y afecta tu vida diaria, buscar la ayuda de un psicólogo o un terapeuta católico no es un signo de debilidad de fe; es un signo de que estás usando la inteligencia y los recursos que el mismo Dios ha puesto en el mundo para tu sanación. Un médico que cura tu cuerpo y un terapeuta que te ayuda a sanar tu mente son, en última instancia, instrumentos en las manos del Divino Sanador.

Paso 3 → Reenfoca la Misión (El Giro Hacia Afuera)

La ansiedad es una espiral que te encierra en ti mismo: "mi miedo", "mis problemas", "mi sufrimiento". Un contraataque poderoso es forzar un giro hacia afuera. Levántate y haz un pequeño acto de servicio por otra persona. Ordena la cocina para tu familia. Envía un mensaje de ánimo a un amigo que sabes que está luchando. Escucha el problema de otra persona durante cinco minutos. Al hacerlo, rompes la tiranía del "yo" y permites que el amor, que es lo contrario del miedo, empiece a fluir. Porque "en el amor no hay temor, sino que el perfecto amor echa fuera el temor" *(cf. 1 Juan 4, 18).*

3. "No Siento Nada" - El protocolo para la travesía del desierto

Quizás la prueba más dura de todas no es la caída ni el miedo, sino el silencio. El vacío. La sequedad. Rezas y sientes que tus palabras rebotan en el techo. Vas a Misa y no sientes nada. Dios parece a un millón de kilómetros de distancia. Bienvenido al desierto, el gimnasio de los santos.

- **Normaliza la Sequedad** → Santa Teresa de Calcuta vivió décadas en este estado. San Juan de la Cruz lo llamó la "noche oscura". No es un castigo. A menudo, es una promoción. Dios te considera lo suficientemente fuerte como para amarlo por Quién es, y no por los regalos o los consuelos que te da.

- **Demuestra tu Lealtad** → Fe sobre Sentimiento. ¿Amas al Rey o amas los beneficios de la corte? Un mercenario lucha cuando le pagan bien. Un soldado leal lucha por su Rey incluso cuando tiene hambre y frío. Este es el momento de demostrar que tu amor es una decisión, no solo una emoción. Tu fe se vuelve oro puro en este fuego.

- **Mantén la Disciplina** → Este es el momento en que tu entrenamiento diario se vuelve más crucial que nunca. ¿No sientes nada al rezar? Reza igual. ¿La Misa te parece aburrida? Ve igual. Cada oración, cada acto de fe hecho en la sequedad, tiene un peso inmenso ante Dios. Es un acto de amor puro y desinteresado.

4. El Ladrón de la Alegría: protocolo contra la niebla de la depresión

Guardián, debemos ser absolutamente claros en este punto, porque es un campo de batalla donde la sabiduría es tan vital como la valentía. La **depresión clínica** es una condición médica real y seria. No es una debilidad espiritual ni una "falta de fe". Si sientes un peso constante, una pérdida total de interés y una tristeza que no te abandona, tu primer y más valiente paso es buscar ayuda profesional: un médico, un psicólogo, un terapeuta. Así como irías a un doctor por un hueso roto, debes ir a un profesional por la salud de tu mente.

El protocolo que sigue a continuación no es un reemplazo de la ayuda médica. Es el **apoyo aéreo espiritual**, las maniobras de combate que un guardián de la luz implementa junto con el tratamiento profesional para luchar contra la niebla de la desolación y no permitir que el ladrón de la alegría se robe también su esperanza.

> ➢ **<u>Paso 1: Rompe el Silencio y Nombra al Enemigo.</u>**
>
> La depresión, como el enemigo, prospera en el secreto y el aislamiento. Te susurra que nadie te entenderá y que eres una carga. Tu primer acto de guerra es un acto de humildad y coraje: **hablar.** Cuéntaselo a tus padres, a un sacerdote de confianza, a un mentor o a un verdadero amigo. Nombrar la oscuridad es el primer paso para quitarle su poder. Es encender una bengala en medio de la niebla.
>
> ➢ **<u>Paso 2: Activa el Templo.</u>**
>
> Cuando el alma está paralizada por la pesadez, mover el cuerpo —el Templo del Espíritu— es un acto de fe. No necesitas correr un maratón. Sal a caminar cinco minutos bajo el sol. Haz estiramientos. Pon orden en tu habitación. Son pequeñas victorias físicas que le envían un mensaje a tu espíritu: "Aún estamos en la lucha. Este Templo no será abandonado".

- **Paso 3: Aférrate a una Verdad Mínima y Objetiva.**

En la niebla de la depresión, tus sentimientos son un GPS averiado; no puedes confiar en ellos. No intentes "sentirte feliz". En lugar de eso, aférrate con todas tus fuerzas a una verdad de fe, la más pequeña y sólida que encuentres y repítela como una jaculatoria. No tienes que sentirla, solo saberla. Por ejemplo: **"Jesús me ama"**. Escríbela en un post-it y pégala en tu espejo. Grábala en tu mente. Apóyate en la verdad objetiva de la Palabra de Dios, que nos asegura: "El Señor está cerca de los quebrantados de corazón" *(cf. Salmo 34, 18).*

- **Paso 4: Utiliza la "Oración del Náufrago".**

Cuando no tienes fuerzas para rezar un rosario o leer un capítulo de la Biblia, utiliza oraciones cortas y de emergencia. Son como una cuerda de salvamento. Repite una y otra vez, sin preocuparte por el sentimiento: **"Jesús, ten piedad de mí". "En ti me refugio Dios mío". "Creo, Señor, pero aumenta mi fe".** No es una conversación; es el acto de aferrarse a la barca en medio de la tormenta.

- **Paso 5: Realiza un Micro-Acto de Servicio.**

La depresión te encierra en ti mismo. La caridad, por pequeña que sea, es la llave que te fuerza a mirar hacia afuera, aunque solo sea por un instante. No pienses en voluntariado. Piensa en algo minúsculo: sacar la basura sin que te lo pidan, enviar un mensaje a un amigo preguntando cómo está, hacerle un cumplido sincero a un miembro de tu familia. Es un pequeño acto de amor que se rebela contra la tiranía del "yo" y la desesperanza.

Recuerda, guardián, no hay vergüenza en esta batalla. Algunos de los santos más grandes conocieron la noche oscura del alma. Pero la verdad fundamental de nuestra fe es que nuestro Rey, la Luz del Mundo, descendió a la más profunda de las oscuridades para rescatarnos. Él conoce el camino de salida de tu pozo. Confía en Él, busca ayuda profesional y aférrate a la certeza de que "la luz brilla en las tinieblas, y las tinieblas no la han vencido" *(cf. Juan 1, 5).*

5. El Eco del Vacío: protocolo contra el fantasma de la soledad

Guardián, debes aprender a distinguir entre el silencio estratégico de la **soledad** y el ruido ensordecedor de la celda de aislamiento de la **desolación**. Jesús buscaba la soledad en la montaña para conectar con su Padre. El enemigo busca arrinconarte en la desolación para desconectarte de todo y de todos.

Su estrategia es simple: un guardián aislado es un guardián vulnerable. Quiere cortarte de tu pelotón, hacerte creer que eres un lobo solitario, una isla. Porque un soldado separado de su ejército es un blanco fácil. Cuando el fantasma de la soledad empiece a susurrarte que nadie te entiende y que estás completamente solo en el mundo, activa este protocolo de contrainsurgencia.

Paso 1 → Activa la Red de Batalla (Comunión con los Santos)

La soledad es un sentimiento, no un hecho. El hecho es que, por tu Bautismo, nunca estás solo. En el momento en que te sientas más aislado, haz un acto de fe y nombra a tus aliados en voz alta. Di: "Jesús está aquí conmigo. María, mi Madre, no me abandona. Mi Ángel de la Guarda está a mi lado. San [nombra a tu santo patrón], lucha conmigo". Es un acto de autoridad que le recuerda al enemigo y a tu propia alma que formas parte de un ejército inmenso y glorioso que trasciende el tiempo y el espacio.

Paso 2 → Acude a la Sala del Trono (La Presencia Real)

El antídoto definitivo contra la soledad tiene un nombre**: Eucaristía**. Jesús no nos dejó una simple memoria o un símbolo. Se quedó con nosotros en Cuerpo, Sangre, Alma y Divinidad. Cuando te sientas abandonado por el mundo, ve a una capilla de Adoración. Siéntate frente al Sagrario. Estás en una audiencia privada con el Rey del Universo, que te prometió: "no os dejaré huérfanos; vendré a vosotros" *(cf. Juan 14, 18)*. No tienes que decir nada. Simplemente, permite que su presencia real llene el eco del vacío en tu corazón.

Paso 3 → Realiza una "Incursión de Caridad"

La soledad es un pozo que te obliga a mirarte solo a ti mismo y a tu propio dolor. La caridad es la soga que te saca de él, forzándote a mirar hacia arriba y hacia afuera. Realiza una micromisión de servicio. Llama a ese abuelo o familiar mayor que sabes que también se siente solo. Envíale un mensaje genuino a un amigo que esté pasando por un mal momento. Ofrécete como voluntario para una tarea sencilla en tu parroquia. Al convertirte en una respuesta a la soledad de otra persona, el fantasma de la tuya pierde su poder.

Paso 4 → Abre un Canal de Comunicación Humano

El enemigo te miente diciéndote que nadie te entenderá. Debes romper esa mentira con un acto de valentía y vulnerabilidad. Elige a un amigo de confianza, un mentor o un familiar, y abre una brecha en el muro del silencio. No tiene que ser dramático. Un simple mensaje como: "Oye, últimamente me he sentido bastante solo, ¿tienes un momento para hablar?", puede ser el acto más heroico que realices en toda la semana. La luz entra por las grietas que nos atrevemos a mostrar.

Paso 5 → Habla con tu Madre (El Santo Rosario)

Cuando sientas que no puedes hablar con nadie en la tierra ni en el Cielo, habla con tu Madre. Rezar el Rosario es tomar la mano de María y permitirle que te guíe a través de los misterios de la vida de su Hijo. Cada Avemaría es un recordatorio de que tienes una Madre en el Cielo que es **"Consoladora de los afligidos"** y que nunca, jamás, deja solo a uno de sus hijos.

Recuerda siempre la promesa final que tu Capitán te hizo antes de ascender al Cielo, la verdad que aniquila toda soledad: "...y he aquí que yo estoy con vosotros todos los días, hasta el fin del mundo" *(cf. Mateo 28, 20)*. El sentimiento de soledad puede ser una cruz pesada, pero el hecho de estar solo es una mentira. Tu Rey nunca ha abandonado su puesto a tu lado.

6. El Fuego Interior: protocolo para dominar la llama de la ira

Guardián, de todas las pasiones que arden en el alma humana, **la ira es fuego**. Y el fuego, en el arsenal de un guardián, puede ser su herramienta más formidable o la causa de su propia destrucción. Puede forjar el acero de la justicia o puede consumir el templo del alma hasta dejar solo cenizas. Tu misión no es extinguir este fuego, sino aprender a dominarlo.

Primero, debes saber que existen dos tipos de fuego.

> ➢ **El Fuego Sagrado (La Ira Santa) →** Es el fuego que arde en el corazón de Dios. Es un aborrecimiento puro y blanco contra el pecado, la injusticia, la profanación de lo sagrado y el sufrimiento del inocente. Es el fuego que movió a Jesús, el Cordero de Dios, a tomar un látigo y expulsar a los mercaderes de la casa de su Padre *(cf. Juan 2, 13-17)*. Esta ira no nace del ego herido, sino del amor a la verdad y a la justicia. Su objetivo no es destruir a la persona, sino al mal que la oprime. Es una fuerza para el bien.
>
> ➢ **El Incendio Descontrolado (La Ira Perversa) →** Este es el fuego falsificado del enemigo. Nace del orgullo, del egoísmo y de la soberbia herida. No busca la justicia de Dios, sino la venganza personal. Es un veneno que, si lo dejas arder, produce resentimiento, amargura, un deseo de maldecir y una espiral de odio que te consume desde dentro. San Pablo, un veterano de mil batallas, nos advierte con urgencia: "enojaos, pero no pequéis; no se ponga el sol sobre vuestro enojo, ni deis lugar al diablo" *(cf. Efesios 4, 26-27)*.

Cuando sientas que el fuego de la ira se enciende en tu interior, activa este protocolo de maestría:

1. **Identifica el Combustible.**

El primer paso táctico es el discernimiento. Hazte la pregunta clave: "¿Qué está alimentando esta llama?". ¿Es un amor celoso por la verdad y por el bien de mi prójimo (ira santa)? ¿O es mi orgullo pisoteado, mi deseo de control frustrado, mi ego que no soporta ser contrariado (ira perversa)?. Ser honesto con la fuente de tu ira es el primer paso para dominarla.

2. **Activa el "Sistema de Enfriamiento" Táctico.**

Si identificas que el fuego es el del orgullo y la venganza, tu primera acción es contenerlo antes de que cause daños. No se trata de reprimirlo, sino de dominarlo. Realiza una retirada táctica: aléjate físicamente de la persona o situación que provocó el incendio. Respira hondo. Invoca el poder del Rey de la Paz con una oración de emergencia: "Jesús, manso y humilde de corazón, haz mi corazón semejante al tuyo". Este breve espacio te permite pasar de una reacción impulsiva a una respuesta de un guardián con dominio propio.

3. **Canaliza el Fuego Sagrado.**

Si tu ira es justa, si arde contra el mal real, no la desperdicies en insultos o violencia. ¡Canalízala! La ira santa es energía divina para la acción. En lugar de odiar al matón, defiende a la víctima. En lugar de maldecir la mentira, proclama la verdad con valentía. Transforma el calor de tu indignación en la luz de una acción constructiva: escribe, habla, sirve, organiza, construye la justicia.

4. **Libera al Prisionero (ese prisionero eres Tú).**

La ira perversa, el rencor y la amargura te convierten en un carcelero. Pero el único prisionero encadenado en la celda de tu resentimiento eres tú mismo. La única llave que puede abrir esa celda es el perdón. Es el acto de poder más difícil y más liberador. Perdonar no es decir "lo que hiciste estuvo bien". Es decir: "Ya no permitiré que lo que hiciste me siga envenenando. Te entrego a la justicia de Dios y yo elijo ser libre". Es un acto heroico que le arrebata al enemigo su principal arma de tortura contra tu alma.

Un guardián no es un ser sin pasiones, sino un maestro de ellas. Aprende a someter el fuego de tu ira al Espíritu Santo, y Él lo usará para purificar el oro, iluminar la oscuridad y defender el Reino.

7. Las Cicatrices del Veterano: el sello de tu victoria

Guardián, hemos caminado juntos por la línea de fuego. Hemos enfrentado el protocolo de la caída, la ansiedad, la sequedad, la niebla de la depresión, el fantasma de la soledad y el fuego de la ira. Después de inspeccionar tantos campos de batalla, podrías sentirte abrumado, quizás incluso descalificado por las heridas que reconoces en tu propia alma.

Pero ahora, escucha la verdad de un veterano. En el ejército del Rey, hay dos tipos de armadura: la del recluta y la del veterano. La del recluta es brillante, perfecta, sin una sola abolladura. La del veterano está abollada, rayada, manchada por el barro y el combate. ¿Cuál de las dos inspira más confianza en la batalla? ¿Cuál de las dos da testimonio de la fidelidad del Rey que protege a sus soldados?

No desprecies tus luchas. No maldigas tus heridas. Son el proceso por el cual Dios te está convirtiendo de un recluta asustado en un veterano de confianza. Cada batalla que libras en la línea de fuego, incluso aquellas en las que caes y eres levantado, deja una cicatriz. Y esas cicatrices no son un signo de tu debilidad. Son el sello de la victoria de Cristo en tu vida.

- La cicatriz de una **caída** sanada por la Confesión se convierte en un glorioso sello de **Humildad** y un mapa de la infinita Misericordia de Dios.
- La cicatriz del **miedo** conquistado por la oración se convierte en un sello de **Confianza Heroica** en tu Rey.
- La cicatriz de haber atravesado la **tristeza**, la **sequedad** y la **soledad** permaneciendo fiel se convierte en un sello de **Lealtad Pura**, un amor que no depende de sentimientos. En otras palabras, un amor que no esta sujeto al cambio de las emociones, sino que se fundamenta en las convicciones.
- La cicatriz de haber dominado el **fuego de la ira** se convierte en el sello de la **Mansedumbre**, que es la verdadera fuerza bajo control.

Nuestro Rey y Capitán, Jesucristo, resucitó de entre los muertos y ascendió a su trono. Y eligió hacerlo conservando las cicatrices de sus cinco heridas. No las ocultó como un recuerdo vergonzoso de su sufrimiento. Las mostró como los trofeos de su victoria sobre el pecado y la muerte. Fue al tocar esas cicatrices que el incrédulo Tomás cayó de rodillas y proclamó: "¡Señor mío y Dios mío!" *(cf. Juan 20, 28).*

Tus cicatrices espirituales, una vez sanadas por la gracia de Dios, tienen el mismo poder. No son tu vergüenza. Son tu testimonio. Le demuestran a un mundo herido que la caída no es el final, que el miedo puede ser vencido y que la sanación es real. Te convierten en un médico de campo compasivo, capaz de entender y vendar las heridas de tus hermanos.

Así que no le pidas a Dios una vida sin batallas. Pídele el coraje para luchar bien y la humildad para dejar que Él te sane. Porque en el Reino de los Cielos, no son los soldados de armadura impecable los más condecorados, sino aquellos cuyas cicatrices cantan la gloria y la misericordia de un Rey que convierte las heridas en fuentes de luz.

Como nos enseñó el gran general San Pablo, puedes gloriarte en tus debilidades, porque "cuando soy débil, entonces es cuando soy fuerte" *(cf. 2 Corintios 12, 10).*

PREGUNTAS PARA LA INSPECCIÓN DEL ARSENAL

Has entrado en la armería del Rey. Se te han presentado los "superpoderes" de los Sacramentos y el régimen de entrenamiento diario de un guardián de la luz. Pero las armas más poderosas son inútiles si se dejan en el estante. Es hora de una inspección personal. Responde con la honestidad de un soldado ante su Capitán.

1. La Realidad de tus "Superpoderes": El libro describe los Sacramentos como armas y superpoderes divinos. En tu vida real, ¿los vives así, o se han convertido en obligaciones, rituales o tradiciones vacías? ¿Cuál de ellos sientes como una verdadera fuente de poder y cuál se siente como un potencial desaprovechado?

2. El "Botón de Reinicio": La Confesión es tu arma para borrar las victorias del enemigo y reparar tu armadura. ¿Con qué frecuencia realizas este "mantenimiento"? ¿Qué es lo que realmente te frena a acudir más a menudo: el miedo a lo que piense el sacerdote, la vergüenza, la pereza, o la mentira sutil de que "no es para tanto"?

3. El Tabernáculo Andante: Al recibir la Eucaristía, te conviertes en un Templo vivo que lleva al Rey del Universo. ¿Eres consciente de esta increíble realidad en los minutos y horas después de la Misa? ¿Cómo cambiarían tus conversaciones, la música que escuchas o lo que ves en tu móvil si recordaras que llevas a Cristo dentro de ti?

4. La Armadura Olvidada: En tu Confirmación, fuiste sellado y equipado con los siete dones del Espíritu Santo, tu "armadura completa". En un momento de decisión, confusión o miedo de la semana pasada, ¿se te ocurrió pedirle al Espíritu Santo que activara el don de Consejo o de Fortaleza? ¿O es una armadura que has dejado olvidada en el fondo del armario?

5. El Sello de Propiedad: Tu Bautismo te marcó como propiedad de Cristo. Es un sello imborrable que el enemigo ve. En medio de una tentación fuerte, ¿alguna vez has hecho un acto de fe consciente, pensando: "Soy de Cristo. Esta tentación no tiene autoridad sobre mí¨? ¿Tú lealtad ha permanecido con Jesús o la has entregado a otro rey: al pecado?

6. El Diálogo o el Monólogo: Tu vida de oración, ¿se parece más a una lista de peticiones que le lees a un comandante lejano (un monólogo), o a una conversación abierta y constante con un Capitán que lucha a tu lado (un diálogo)? ¿Qué obstáculo práctico (ruido, teléfono, falta de tiempo) podrías eliminar para crear más espacio de silencio y poder escuchar?

7. El Dominio de tus Apetitos: El ayuno es la disciplina para demostrar que tu espíritu está al mando, no tus apetitos. Más allá de la comida, ¿cuál es tu mayor "apetito" moderno? ¿El de la validación en redes sociales? ¿El de maratonear series? ¿El de los videojuegos? ¿Qué pequeño "ayuno" de esa actividad podrías hacer para fortalecer tu voluntad?

8. El Arma de Doble Filo: La Palabra de Dios es descrita como una "espada". ¿Es una espada que sabes usar, o un arma que admiras pero que nunca desenfundas? Si tuvieras que defenderte de la mentira "no vales nada", ¿qué versículo de la Escritura usarías como tu espada?

9. Tus Aliados en el Cielo: ¿Cómo es tu relación con tu "equipo de apoyo"? ¿Le hablas a María como a una Madre que te defiende? ¿Le pides ayuda a San Miguel o a tu santo patrón como a un hermano mayor y poderoso en la batalla? ¿O intentas luchar siempre solo?

10. El "Repelente" de la Alegría: La caridad y la alegría son un "repelente" para el enemigo, que prospera en el egoísmo y la amargura. En una escala del 1 al 10, ¿qué tan "tóxico" para el mal es tu ambiente personal? ¿Cuánta alegría genuina, nacida de la fe y no de las circunstancias, irradias en tu día a día?

Un guardián no solo debe conocer sus armas, sino también el terreno engañoso y los protocolos de emergencia. Esta sección final de la inspección es para evaluar tu capacidad de navegar la niebla de la guerra y de sobrevivir en la línea de fuego. Sé valiente y honesto.

11. Sintonizando la Frecuencia Divina: El discernimiento es como sintonizar una radio. La frecuencia de Dios emite paz, claridad y esperanza, mientras que la del enemigo emite ansiedad, confusión y acusación. Pensando en una decisión o preocupación importante que tuviste recientemente, ¿qué "señal" era más fuerte en tu interior? ¿Qué "ruido" (prisa, miedo, orgullo) te impidió escuchar con claridad la voz del Comandante?

12. Tu Línea de Mando: La regla de oro es "nunca luches solo". Si ahora mismo cayeras en una crisis espiritual profunda, ¿quién estaría en tu "lista de llamadas de emergencia"? ¿Tienes un sacerdote, un mentor, un padre o un amigo de fe a quien podrías recurrir con total confianza? Si esa lista está vacía, ¿qué te impide construir esa línea de apoyo vital?

13. El "Software" de tu Alma: El capítulo advierte contra el "buffet espiritual" o instalar "apps" que no son del Reino (astrología, nueva era, etc.). Revisa tu vida: tus creencias, las cuentas que sigues, tus prácticas. ¿Has instalado algún "software" o creencia contradictoria con tu fe, pensando que era inofensiva? ¿Estás dispuesto a hacer una "limpieza de sistema"?

14. El Protocolo Post-Caída: Piensa en la última vez que caíste en un pecado grave. ¿Cuál fue tu reacción inmediata? ¿Seguiste el protocolo del guardián (levantarte, buscar al médico en la Confesión, rechazar la vergüenza)? ¿O seguiste el protocolo del enemigo (esconderte, desesperar, dejar que la herida se infecte)?

15. La Niebla y el Ladrón: El capítulo ofrece un protocolo contra la tristeza profunda y la depresión. De los pasos mencionados (romper el silencio, activar el cuerpo, aferrarse a una verdad, la oración del náufrago, el micro-servicio), ¿cuál te resulta instintivamente más difícil de aplicar cuando te sientes en esa "niebla"? ¿Por qué crees que te resistes más a ese paso en concreto?

16. El Fantasma de la Soledad: Cuando te sientes solo, ¿tu reacción automática es activar tus redes de apoyo (humanas y divinas) o es aislarte aún más (refugiándote en el teléfono, encerrándote en tu cuarto)? ¿Qué tan entrenado está tu reflejo para buscar la Comunión en lugar del aislamiento?

17. El Dominio del Fuego Interior: Piensa en la última vez que sentiste una ira intensa. ¿Fue un "Fuego Sagrado" (indignación contra una injusticia real) o un "Incendio Descontrolado" (ira por orgullo o ego herido)? ¿Qué hiciste con esa energía? ¿La canalizaste para construir algo bueno o la dejaste que te quemara a ti o a otros?

18. El Significado de tus Cicatrices: El capítulo concluye diciendo que tus heridas sanadas son "cicatrices de veterano". Mira hacia atrás, a una lucha difícil de la que ya has salido. ¿Puedes empezar a verla no como un recuerdo de vergüenza, sino como una medalla que da testimonio del poder sanador de Dios en tu vida?

19. El Arma Menos Usada: De todo el "arsenal" y las "guías de supervivencia" que has visto en esta sección, ¿cuál es la herramienta que honestamente menos utilizas? (Ej: el discernimiento, el ayuno, la devoción a los santos, el perdón, etc.).

20. Tu Próximo Entrenamiento: Después de esta inspección completa, ¿en qué área específica de tu arsenal o de tus protocolos de supervivencia necesitas un "entrenamiento intensivo"? ¿Cuál es el compromiso concreto, pequeño y realista que puedes hacer para esta semana para volverte un guardián más preparado y resiliente?

PARTE IV – LA MISIÓN DEL GUARDIÁN

CAPÍTULO 16 -
LLAMADOS A SER LUZ EN EL MUNDO

Has llegado hasta aquí, Guardián. Has descendido a las trincheras para conocer las tácticas del enemigo. Te has equipado en el arsenal de la Iglesia y has aprendido a entrenar tu espíritu. Has aprendido a ver en la oscuridad y a esquivar las trampas. Y ahora, al final de este camino, la pregunta más importante resuena en el aire: Y ahora, ¿qué?

¿Era todo este conocimiento para que te conviertas en un experto en demonología, un paranoico espiritual que ve un demonio debajo de cada piedra? ¡Jamás! Toda esta preparación no tenía como objetivo encerrarte en un búnker de santidad, temblando ante las sombras. ¡Todo lo contrario! Era para hacerte intrépido. Era para que, conociendo la debilidad del enemigo y el poder infinito de tu Rey, salgas al mundo no a defenderte, sino a atacar.

Pero nuestro ataque no es con acero ni con gritos. Nuestro ataque es con la ofensiva más poderosa y devastadora que existe: una ofensiva de Luz.

El mejor ataque: un "Exorcismo de Alegría"

Un cristiano obsesionado con el diablo es un soldado que le ha dado la espalda a su Rey para mirar fijamente a un perro encadenado. Has sido llamado a algo mucho más grande. Tu misión no es cazar sombras. Tu misión es ser tan intensa y radicalmente lleno de la Luz de Cristo que las sombras a tu alrededor, simplemente, dejen de existir.

La presencia de un cristiano auténticamente alegre, lleno de esperanza y caridad, es una especie de "exorcismo" para cualquier ambiente. Es una bofetada a la narrativa del infierno. El enemigo susurra que la vida es absurda, que el poder es lo único que importa, que el amor es una debilidad y que la esperanza es para los tontos. Tu vida debe ser un grito que diga: ¡MIENTES! Cada acto de perdón, cada gesto de generosidad, cada sonrisa en medio de la dificultad, cada vez que eliges la verdad sobre la conveniencia, estás emitiendo una frecuencia que es tóxica para el mal. No tienes que "luchar" contra la oscuridad. Solo tienes que encender tu luz *(cf. Juan 1, 5)*.

Sal y Luz: tu misión en lo cotidiano

En su discurso más importante, Jesús no te dijo: "Seréis los mejores cazadores de demonios del mundo". Te dio una misión mucho más profunda y práctica: "Vosotros sois la sal de la tierra... Vosotros sois la luz del mundo" *(cf. Mateo 5, 13-14)*. ¿Qué significa eso para ti, hoy?

1. Ser LUZ

Significa que en tu grupo de WhatsApp, donde todos destrozan a alguien con chismes, tú eres el que guarda silencio o cambia de tema. Significa que en tu feed de Instagram, lleno de cuerpos perfectos y vidas falsas, tú te atreves a ser real, a mostrar la belleza de lo auténtico. Significa que cuando alguien en tu clase está solo, tu luz te impulsa a cruzar el salón y decirle "hola". Tus acciones de integridad y bondad son los fotones de la luz de Cristo que iluminan las esquinas oscuras de tu mundo.

2. Ser SAL

La sal hace dos cosas: da sabor y preserva de la corrupción. Tu misión es dar el sabor del Cielo a una tierra que a menudo se siente insípida y sin sentido. Tu fe, tu esperanza en la vida eterna, tu manera de amar, dan un propósito y una profundidad que el mundo anhela. Y al vivir en la virtud, te conviertes en un agente que preserva a tu familia, a tus amigos y a tu cultura de la "podredumbre" del cinismo, el egoísmo y la desesperanza.

La verdadera batalla: el Rescate de Almas

Y esto nos lleva al corazón de la misión. La guerra no es contra las personas. San Pablo nos lo dejó claro como el cristal: "nuestra lucha no es contra sangre y carne, sino contra los principados, contra las potestades, contra los dominadores de este mundo de tinieblas" *(cf. Efesios 6, 12).*

Tus amigos que no creen, tus familiares que están lejos de la fe, la gente en tu escuela que parece perdida... no son el enemigo. Son los prisioneros de guerra. Son los objetivos de la misión de rescate más grande de la historia. Y tú, Guardián, eres parte del equipo de rescate.

¿Cómo los rescatas? ¿Lanzándoles versículos bíblicos como si fueran granadas? No. Los rescatas amándolos. Los rescatas viviendo una vida tan plena y vibrante que se vean obligados a preguntar por la fuente de tu fuerza. Los rescatas siendo un amigo leal, un hijo obediente, un estudiante honesto. Los rescatas porque ven en ti un reflejo, por pequeño que sea, del único que puede llenar el vacío de sus corazones: **Jesucristo.**

Esa es la victoria final. Ganar no es solo esquivar el pecado. Ganar es arrebatarle un alma al reino de la oscuridad y presentarla al Reino de la Luz. Es ayudar a un amigo a encontrar el camino a casa.

Así que levanta la cabeza, soldado. El entrenamiento ha terminado. Tu Rey te ha equipado, te ha confiado sus armas y te ha revelado los secretos de la batalla. El mundo te espera, no para que temas sus sombras, sino para que lo incendies con la Luz de Cristo. Tu misión, ahora, es ser quien estás llamado a ser. Eres el **Plan A** de Dios. Ve y sé la Luz.

CAPÍTULO 17 - HAS SIDO FORJADO PARA LA BATALLA

Guardián.

Hemos llegado al final de este manual, y el eco de la forja aún resuena en el aire. Juntos hemos viajado mucho más allá de las simples tácticas de un enemigo externo. Nos hemos adentrado en el corazón de la rebelión, hemos navegado las tormentas de la duda y el escándalo, hemos luchado en la batalla íntima por la pureza de nuestro propio Templo y, finalmente, hemos confrontado el intento del enemigo de "hackear" la verdad más fundamental de quiénes somos. Has visto el plano de la guerra, pero más importante aún, has sido puesto sobre el yunque para forjarte.

Ahora que el fuego se apacigua, ¿qué es lo que debe quedar grabado en tu alma como el sello del herrero? Si toda esta sabiduría se destilara en la verdad esencial que debes llevar a cada batalla futura, sería esta: no solo eres un guardián de la Luz, eres un **Guardián Forjado por la Luz.**

Y este proceso de forja se sostiene sobre tres pilares inquebrantables:

1. El fuego de la batalla es real

No vamos a mentirte: el fuego quema. La batalla por tu alma es real. El enemigo existe y sus estrategias de engaño son astutas. La lucha contra el pecado —la rebelión de nuestro orgullo, la tentación de la apostasía, la batalla por la pureza— es intensa. El dolor que causa el pecado de otros en nuestra propia Iglesia es agudo. Y la confusión cultural que busca borrar el Blueprint Divino de tu identidad es abrumadora. Este es el fuego de la prueba. Su calor es innegable. Pero un guardián no le teme al fuego; aprende a respetarlo y a usarlo.

2. El acero de tu alma es divino

Que esta verdad resuene en tu alma cuando el combate arrecia: no eres material de desecho, sino de estirpe divina. Olvida la mentira de que eres débil. Fuiste creado a imagen y semejanza de Dios *(cf. Génesis 1, 27)*, llevando en tu ADN espiritual la firma del Rey Altísimo. Además, el Bautismo te ha marcado con un sello a fuego, un escudo de armas indeleble que te identifica ante todo el universo como propiedad privada del Cielo, un hijo amado por quien el mismo Dios combate.

Por eso, no fuiste enviado a la batalla con las manos vacías. Se te ha confiado un arsenal divino que el enemigo no puede igualar: los "superpoderes" de los Sacramentos que restauran tu fuerza y te alimentan con poder celestial; la línea directa e inquebrantable de la Oración que te conecta con el Alto Mando; la disciplina del ayuno que forja tu espíritu como el acero; y el poder nuclear de la Adoración Eucarística, donde te recargas directamente de la fuente de todo poder.

Recuerda, además, que un ejército celestial entero marcha a tu lado, desde tu Ángel de la Guarda hasta la misma Reina de los Cielos *(cf. Salmo 91, 11)*. Así que desecha cualquier pensamiento de debilidad. Mira tu herencia, mira tus armas, mira a tus aliados. No eres débil; eres una fortaleza de Dios, un arsenal andante equipado no solo para resistir el más alto de los fuegos, sino para caminar a través de él y brillar con la luz inextinguible de tu Creador.

3. El martillo que te golpea está en manos del Rey

Debes aferrarte a esta verdad que lo cambia todo: las pruebas, las caídas y el dolor no son golpes de un destino ciego. Son los impactos precisos del martillo del Divino Herrero. Y ese Herrero es tu Padre, el Rey que te ama con una ferocidad infinita. Cada golpe que permite no busca destruirte, sino darte la forma gloriosa para la que fuiste creado.

Cada vez que te sumerge en el fuego de la prueba, es para quemar las impurezas del orgullo y el miedo, dejando solo el metal puro de tu alma. Y cada vez que te sumerge en el agua viva de la Confesión, no es para quebrarte, sino para templar tu espíritu, dándote una fuerza y una resistencia que no conocías.

Por eso, tus cicatrices no son un registro de fracasos, sino la firma del Maestro Artesano sobre su obra. Son la prueba de que has sido digno de la forja del Rey. En medio de todo, no solo resistes, sino que te elevas, porque "somos más que vencedores por medio de aquel que nos amó" *(cf. Romanos 8, 37)*. Eres su espada, más fuerte y brillante tras cada golpe.

La misión del Guardián Forjado

Por lo tanto, no temas. Si este libro te ha dejado con un sentimiento de agobio, has escuchado el ruido del martillo pero no la canción del Herrero. Vuelve atrás y escucha de nuevo. El objetivo de esta forja no es que vivas obsesionado con el fuego, sino que salgas de él irradiando una luz y un calor que le muestren al mundo la calidad del Artesano. En otras palabras, que le muestren a una generación confundida la belleza, la paz y la alegría de vivir la identidad que Dios soñó para ti.

Mantente alerta, joven guardián. Vístete con la armadura de Dios para poder resistir las asechanzas del diablo *(cf. Efesios 6, 11)*. "Custodia tu corazón con extrema vigilancia, porque de él mana la vida" *(cf. Proverbios 4, 23)*. Y si caes, no permanezcas en el suelo lamentándote. Un guardián no se define por la ausencia de caídas, sino por su valor para levantarse una vez más. Levántate con la fuerza que te viene de lo alto, rechaza la esclavitud del pecado y corre sin dudar a los brazos abiertos de Aquel que te ha llamado de las tinieblas a su luz admirable. Porque tú no has sido creado para ser esclavo, sino para ser un Guardián de la Luz, forjado por el Espíritu de Dios, un faro de esperanza en medio del mundo, un testimonio viviente de que la Luz siempre, siempre, vence a la oscuridad.

Ahora, el entrenamiento inicial ha concluido. La pieza ha sido formada.

Sal al mundo. No como una espada frágil que teme el primer choque, sino como un arma magnífica, templada y afilada, que lleva con orgullo las marcas de su creador. Sé un testimonio vivo de que, en la forja de Cristo, incluso el material más abollado puede convertirse en una obra maestra para la gloria del Reino.

Una oración para el Guardián Forjado

> *Señor Jesús, Divino Herrero y Rey de la Creación, me presento ante Ti, como un arma forjada por Tu amor. Gracias por el fuego de las pruebas que me purifica, por el martillo de Tu gracia que me da forma, y por el agua viva de Tu misericordia que me fortalece.*
>
> *Toma mi vida, con mis cicatrices y mis imperfecciones, y úsame como un instrumento de Tu Luz en el mundo. Que mi vida sea un reflejo del poder de Tu forja. Cúbreme con el manto de María, mi Reina, y guíame con la espada de San Miguel.*
>
> *Porque yo sé que Tú estás conmigo todos los días, hasta el fin del mundo (cf. Mateo 28, 20).*
>
> *Amén.*

Ve ahora, Guardián. El mundo espera la luz que irradias.

PREGUNTAS PARA EL ENVÍO A LA MISIÓN

Has completado tu formación. Has inspeccionado el arsenal y has sobrevivido a los simulacros en la línea de fuego. Ahora te encuentras en el umbral, mirando el mundo que te espera. Ya no como un espectador, sino como un protagonista. Ya no como un recluta, sino como un guardián forjado.

Estas son tus preguntas finales. No son un examen sobre lo que has aprendido, sino una brújula para lo que estás a punto de vivir.

1. El Mapa de tu Misión: El libro te llama a dejar el "búnker" defensivo y a pasar a una ofensiva de Luz. Identifica un "territorio" concreto en tu vida (un grupo de amigos, una clase, tu equipo deportivo, una red social) que hasta ahora has tratado como una "zona de peligro" a evitar. ¿Cómo puedes empezar a verlo como un "campo de misión" donde estás llamado a plantar la bandera de la luz?

2. El "Exorcismo" de tus Actos: Tu alegría y tu virtud son armas. Piensa en el "espíritu" negativo que más prevalece en tu entorno cercano (puede ser el espíritu de la queja, del chisme, del cinismo, de la pereza). ¿Cuál es la acción de luz más pequeña, pero deliberada, que puedes hacer esta semana para "exorcizar" o contrarrestar ese espíritu?

3. El Verdadero Enemigo: La batalla es por las almas, no contra las personas. Piensa en alguien con quien tienes un conflicto o que te resulta difícil de amar. ¿Puedes hacer el ejercicio de rezar un Avemaría por esa persona ahora mismo, pidiéndole a Dios que te ayude a verla como Él la ve: no como tu adversario, sino como un alma preciosa por la que Cristo también murió?

4. El Fuego de la Forja: Las conclusiones te describen como "forjado por la Luz". Identifica una dificultad o una prueba que estés viviendo ahora mismo. ¿Puedes intentar cambiar la perspectiva y verla no como un obstáculo sin sentido, sino como el fuego y el martillo que Dios, el Divino Herrero, está usando para forjar en ti una virtud específica (paciencia, confianza, fortaleza, humildad)? ¿Qué virtud crees que está intentando moldear?

5. El Idioma de tus Cicatrices: Has aprendido que tus heridas sanadas son cicatrices de veterano, no medallas de vergüenza. ¿Hay alguna lucha pasada que ya hayas superado con la gracia de Dios? ¿Estarías dispuesto a compartir ese testimonio con un amigo que esté pasando por lo mismo, para que tu cicatriz pueda ser la prueba que necesita de que la sanación es posible?

6. El Acero de tu Identidad: Después de este viaje, si tuvieras que definirte en una frase, ¿qué resuena con más fuerza en tu corazón: "soy un pecador que siempre falla" o "soy un hijo amado del Rey, equipado para la victoria"? ¿Qué vas a hacer para recordarte esta segunda verdad cuando la primera mentira te ataque?

7. "Sal y Luz" 2.0: ¿Cómo puedes ser "sal" (dando sabor y sentido) y "luz" (exponiendo la verdad con caridad) en tu mundo digital? Comprométete a una acción específica: ¿defender a alguien que está siendo atacado online? ¿Compartir algo que sea verdaderamente bueno, bello y verdadero? ¿Dejar de seguir cuentas que oscurecen tu alma?

8. El Poder de un "Sí" Cotidiano: Cada vez que eliges el bien en algo pequeño, estás librando una batalla cósmica. ¿Eres consciente de la dignidad y el poder épico que tiene tu "sí" a Dios cuando eliges estudiar en lugar de procrastinar, o ser amable en lugar de indiferente? ¿Cómo te ayuda esta perspectiva a valorar más tus pequeñas decisiones?

9. Tu Declaración de Misión: El libro termina, pero tu misión empieza. Escribe en una sola frase, clara y concisa, cuál será tu misión como Guardián de la Luz para el próximo mes. (Ej: "Mi misión es ser una fuente de paz en mi hogar", "Mi misión es defender la verdad con amabilidad", "Mi misión es custodiar mis ojos y mi mente con más valentía").

10. El Primer Paso del Guardián: La victoria se construye paso a paso. Olvida los grandes planes por un instante. ¿Cuál es la primera y más pequeña acción que vas a realizar en las próximas 24 horas como respuesta a todo lo que has leído en este libro? Defínela ahora mismo. Y luego, simplemente, hazla.

RECURSOS ADICIONALES

Lecturas Bíblicas Recomendadas

- Efesios 6, 10-18: La armadura de Dios
- 1 Pedro 5, 8-9: Vigilancia contra el enemigo
- Santiago 4, 7-8: Resistir al diablo
- Apocalipsis 12: La victoria sobre el dragón
- Salmo 91: Protección divina

Libros Recomendados

- "Imitación de Cristo" de Tomás de Kempis
- "Las Moradas" de Santa Teresa de Ávila
- "Cartas del Diablo a su Sobrino" de C.S. Lewis
- "El Combate Espiritual" de Lorenzo Scupoli
- "La Divina Comedia" de Dante Alighieri
- YOUCAT
- DOCAT

Oraciones de Protección

- Oración a San Miguel Arcángel
- El Santo Rosario
- La Coraza de San Patricio
- Salmo 23
- Oración de Liberación del Cardenal Suenens

GLOSARIO DEL GUARDIÁN

Domina el lenguaje del Reino para no confundirte con la jerga del enemigo. Un Guardián de la Luz nombra las cosas por lo que son:

1. **Algoritmo:** En el mundo digital, es el conjunto de reglas que decide qué contenido ves en tu "feed" de TikTok, Instagram o YouTube, basándose en lo que te gusta y en lo que pasas tiempo mirando. El **"algoritmo del alma"** funciona de manera similar: cada vez que "haces clic" en una tentación o consumes contenido que te aleja de Dios, entrenas a tu corazón para que te muestre más de eso. Por el contrario, cada acto de oración, caridad y pureza entrena a tu algoritmo espiritual para que te muestre y te haga desear más las cosas del Reino. Tú eres el programador de tu propio "feed" espiritual.

2. **Ángel:** Del griego *angelos*, "mensajero". Un ser puramente espiritual, una mente sin cuerpo, dotado de una inteligencia deslumbrante y una voluntad libre. **Creado por Dios para vivir en su presencia, adorarle, amarle y servir como su mensajero**. Son nuestros hermanos mayores en la creación.

3. **Apologeta:** Del griego *apologia*, que significa "dar una defensa". Un apologeta es como un **abogado del Reino de Dios** o un **operador de las fuerzas especiales de la comunicación**. No solo cree, sino que también estudia la evidencia —teología, filosofía, historia y ciencia— para poder presentar una defensa inteligente, razonada y convincente de por qué nuestra fe es verdadera. Su misión es desmantelar la propaganda del enemigo y construir puentes de entendimiento para aquellos que tienen preguntas honestas.

4. **Apostasía:** Es el acto de **desertar del ejército en medio de la guerra**. No es simplemente tener dudas (cuestionar el plan de batalla), sino el acto consciente de arrancarse el uniforme, abandonar el puesto y caminar hacia la "Tierra de Nadie" por voluntad propia. En términos de un videojuego, es borrar voluntariamente tu perfil del servidor del Reino para intentar sobrevivir solo en un mundo lleno de monstruos de nivel élite.

5. **Avatar:** La representación gráfica de un usuario en un mundo digital o un videojuego. Tu cuerpo es tu **avatar en el mundo físico**, el vehículo sagrado y único a través del cual tu alma interactúa con la creación. El enemigo, a través de la tentación de la impureza o el "hackeo de la identidad", quiere convencerte de que tu avatar es un objeto desechable o desconectado de tu verdadero yo. Un guardián sabe que su avatar es un Templo del Espíritu Santo y debe ser honrado como tal.

6. **Blueprint:** Término en inglés para un "plano" o "diseño maestro". En este libro, usamos el **"Blueprint Divino"** para referirnos al diseño original, perfecto y lleno de propósito de Dios para la humanidad. Así como un arquitecto tiene un plano para una catedral magnífica, Dios tiene un plan glorioso inscrito en nuestra naturaleza, incluyendo nuestra creación como hombre y mujer. La misión del enemigo es "hackear" este blueprint; la del guardián es conocerlo, amarlo y vivir según su diseño.

7. **Bluff:** En un juego de cartas, un bluff es la jugada de un jugador que apuesta fuerte con una mano débil para intimidar y engañar a sus oponentes. Esta es la táctica de manual del enemigo. Al no tener poder real sobre un alma en gracia, su única opción es el bluff: **aparentar una fuerza que no tiene, generar un miedo desproporcionado y presentar sus tentaciones como irresistibles**. Un guardián entrenado aprende a ver a través del bluff del enemigo, sabiendo que, aunque ruja como un león, **es un león sin dientes frente al poder de Cristo**.

8. **Bluffeando:** Un término del póker que significa apostar fuerte con una mano débil para engañar a los demás y hacerles creer que tienes el poder. **El enemigo está constantemente bluffeando**. Su estrategia se basa en la intimidación, aparentando tener un poder y una autoridad que **Cristo ya le arrebató en la Cruz**. Sus amenazas y demostraciones de fuerza son el bluff de un jugador que sabe que ya ha perdido la partida. Un guardián aprende a no dejarse intimidar por el bluff, porque conoce la mano ganadora de su Rey.

9. **Bug:** En informática, un error o fallo en el código de un programa que causa un resultado inesperado o incorrecto. En este libro, usamos "bug" para describir **la consecuencia del pecado original de los ángeles**. El "software" de la creación de Dios era perfecto, pero la soberbia de Lucifer, al usar su libre albedrío, introdujo un "bug" en el sistema. Este "bug" —el rechazo a Dios— es el error original del que proceden todos los demás "fallos" (el pecado y el mal) en el mundo. La misión de Cristo fue la del "Depurador" definitivo, que vino a reparar el error.

10. **Bully:** Un acosador o intimidador, alguien que busca dañar a los que percibe como más débiles. Esta es una descripción perfecta del diablo, especialmente en sus ataques extraordinarios. Un **bully cósmico** hace mucho ruido, aparenta ser poderoso y se alimenta de tu miedo. Pero, en el fondo, es un cobarde que retrocede ante la verdadera autoridad. Cuando un guardián se mantiene firme en el poder del nombre de Cristo, el bluff del enemigo queda expuesto, y su intimidación se desvanece como la de un bravucón de patio de colegio frente al director.

11. **Coach:** Un entrenador o instructor que prepara a un equipo o atleta. **Jesucristo es el Coach definitivo para la batalla espiritual**. No es un comandante que da órdenes desde la distancia; Él mismo bajó al campo de juego (en las tentaciones del desierto) para demostrarnos en vivo cómo se ejecutan las jugadas que derrotan al enemigo. Conoce nuestras debilidades, nos enseña las estrategias ganadoras (con la Palabra de Dios) y **su ejemplo es la masterclass definitiva en combate espiritual**.

12. **Código Fuente:** En programación, es el conjunto de instrucciones fundamentales que le dicen a un software cómo funcionar. Usamos **"Código Fuente Divino"** para describir **la verdad fundamental de la creación de Dios**. El amor, la verdad y nuestra identidad como criaturas de Dios son parte de este código original. El pecado es un "virus" que intenta corromperlo, y la Gracia de Dios, a través de los Sacramentos, actúa como el "antivirus" y la "actualización de software" que nos restaura al diseño glorioso del Creador.

13. **Comunión de los Santos:** La "red de batalla" total del Reino de Dios. Es la unión espiritual que nos conecta a todos los bautizados en una sola familia, en un solo ejército. Se divide en tres batallones:

   a. **La Iglesia Militante**: Nosotros, los guardianes que luchamos en la tierra.
   b. **La Iglesia Triunfante**: Los santos en el Cielo, los veteranos que ya ganaron la victoria y ahora nos animan e interceden por nosotros.
   c. **La Iglesia Purgante (o Paciente):** Las almas en el Purgatorio, los heridos en el hospital de campaña que se purifican para entrar en la gloria. Oramos por ellos y ellos pueden orar por nosotros.

   Nunca estás solo. Estás conectado a una red inmensa de poder y oración.

14. **Demonio: Un ángel que cometió un "suicidio espiritual"**. Usando su libre albedrío, eligió de forma irrevocable y definitiva rechazarse a sí mismo al rechazar a Dios, la fuente de toda bondad, luz y existencia. Ahora existe en un estado de odio y frustración eternos, y su único y patético gozo es intentar arrastrar a otros a su misma miseria.

15. **Dog Tag:** El nombre informal de las placas de identificación que usan los soldados. Llevan su nombre y su afiliación. **Tu "dog tag" espiritual es el sello indeleble que fue impreso en tu alma en el Bautismo y reforzado en la Confirmación**. Esta marca es invisible para el mundo, pero en el reino espiritual brilla con fuerza. Te identifica sin lugar a dudas como un soldado que pertenece al ejército de Cristo. El enemigo ve tu dog tag y sabe que no eres un civil, sino un ciudadano del Reino, reclamado y protegido por el Rey más poderoso del universo.

16. **Estática:** El ruido o la interferencia que escuchas en una radio mal sintonizada, impidiendo que escuches la música con claridad. La influencia del enemigo en el mundo y en nuestra mente es una **estática espiritual**. Es un "ruido" constante de ansiedad, mentiras, acusaciones y distracciones que intenta interferir con la "frecuencia" clara y pacífica de la voz de Dios. Tu misión es aprender a filtrar esa estática para sintonizar con tu Comandante.

17. **Exorcismo: La "orden de desalojo" oficial de la Iglesia**. Existe el Exorcismo Solemne (o Mayor), que es el rito que solo un sacerdote autorizado por su obispo puede realizar sobre una persona poseída. Y existe el Exorcismo Simple, que son las oraciones de renuncia y protección que se encuentran, por ejemplo, en el rito del Bautismo.

18. **Feed:** El flujo constante de contenido (fotos, videos, noticias) que aparece en la página principal de tus redes sociales, modelado por el algoritmo. En nuestro manual, tu **"feed mental" es el flujo de pensamientos, imágenes y deseos que pasa por tu ment**e. Cada guardián es el **community manager** de su propio feed: tú decides a qué le das "like", qué dejas pasar y qué "dejas de seguir". Llenar tu feed con la verdad, la belleza y la bondad es una forma activa de combate espiritual.

19. **Firewall:** En informática, es una barrera de seguridad que protege una red interna de confianza del tráfico peligroso de una red externa no confiable. **Una vida en estado de gracia y el uso de los sacramentales de la Iglesia (como el agua bendita en tu casa) actúan como un poderoso firewall espiritual**. Establecen una "regla de seguridad" en el nombre de Cristo, marcando tu alma y tu entorno como una "red de confianza" del Reino. Este firewall ayuda a bloquear el "tráfico malicioso" del enemigo, haciéndole difícil operar en tu territorio.

20. **Gracia: La vida misma de Dios en nuestra alma**. El "Wi-Fi" que nos conecta al Cielo. Es un don gratuito que recibimos en los Sacramentos. La Gracia Santificante es el estado estable de conexión, el "plan de datos ilimitado" que se instala en el Bautismo. La Gracia Actual son los "empujones" o "mensajes de texto" específicos que el Espíritu Santo nos envía para ayudarnos en un momento concreto.

21. **Glitch:** En el mundo de los videojuegos, es un error o fallo menor y a menudo temporal en el sistema. Usamos el término **"glitch" espiritual para describir**

el fenómeno de una infestación demoníaca en un lugar. Es como si el pecado o las prácticas ocultistas realizadas allí hubieran provocado un "fallo" en la atmósfera espiritual de ese sitio, que se manifiesta en sucesos extraños. La bendición de la Iglesia actúa como un "parche" o un "reinicio del sistema" que elimina el glitch.

22. <u>**Gurus:**</u> Un maestro espiritual, especialmente uno que se presenta como poseedor de una sabiduría o iluminación especial. En nuestro entrenamiento, usamos el término "gurús" **como una advertencia contra cualquier "maestro", influencer o líder carismático que afirme tener un "conocimiento secreto" o una "verdad superior" que contradice o intenta "actualizar" las enseñanzas de Jesucristo y su Iglesia**. El enemigo a menudo utiliza a estos gurús para alejar a los soldados de la seguridad del Arca (la Iglesia). La lealtad de un guardián es con el único Maestro verdadero, Jesús, que enseña a través de su Iglesia.

23. <u>**Hacker:**</u> Una persona que utiliza sus habilidades para obtener acceso no autorizado a sistemas o datos**. El diablo actúa como el hacker espiritual por excelencia**. No tiene poder para crear su propio "software" (la creación), por lo que toda su estrategia consiste en encontrar vulnerabilidades en nuestro "firewall" espiritual (nuestra voluntad). Intenta obtener acceso no autorizado a nuestra alma para robar, corromper y destruir los "datos" de la gracia y la verdad que hay en ella.

24. <u>**Iglesia:**</u> No es un edificio ni un club social. **Es el Reino de Cristo en la tierra, fundado por Él mismo**. Es, a la vez, nuestra Madre, nuestro hospital de campaña, nuestro cuartel general, nuestra armería y nuestra familia. Es el Arca de Noé en medio del diluvio del mundo.

25. <u>**Libre Albedrío:**</u> **El "interruptor maestro" que Dios instaló en los ángeles y en los humanos**. Es el poder de elegir libremente entre el bien y el mal, entre el amor y el egoísmo, entre servir al Rey o servirnos a nosotros mismos. Es el don más arriesgado y glorioso, porque sin él, el amor sería

imposible. El enemigo lo usó para su ruina; nosotros estamos llamados a usarlo para nuestra gloria.

26. **Likear:** La acción de dar un "me gusta" o un "corazón" a un contenido. **"Likear" una tentación es el primer paso para consentir el pecado**. Cuando una notificación push de un mal pensamiento aparece en tu mente, el pecado no está en verla, sino en "likearla": en darle tu aprobación, entretenerte con ella, disfrutarla. Cada "like" que le das a la oscuridad entrena al algoritmo de tu alma para que te muestre más de lo mismo. **Un guardián reserva sus "likes" para lo que es digno del Reino**.

27. **Masterclass:** Una clase magistral impartida por un experto de gran renombre. **La victoria de Jesús en el desierto es la masterclass definitiva sobre cómo enfrentar y vencer al enemigo**. No solo ganó para sí mismo, sino que nos dejó un tutorial grabado y perfecto para cada guardián de la luz. Estudiar esta masterclass y aplicar sus principios —contrarrestar la mentira con la Escritura, confiar en Dios por encima de las necesidades personales— es parte fundamental de nuestro entrenamiento.

28. **Mazmorras:** En los videojuegos y la fantasía, una prisión subterránea y oscura, llena de trampas y enemigos. **Un estado de pecado mortal no confesado es como estar atrapado en una mazmorra espiritual**. Es un lugar de aislamiento y oscuridad en el alma, donde el enemigo actúa como carcelero. **Pero ninguna mazmorra es demasiado profunda para el Rey**. El sacramento de la Confesión es la llave maestra que rompe cualquier cadena y saca al guardián de la mazmorra, devolviéndolo a la luz y la libertad del Reino.

29. **Mecha:** Un robot gigante pilotado por un humano desde su interior, popular en la ciencia ficción y el anime. Usamos **mecha** como una analogía de tu cuerpo, una máquina increíblemente poderosa y compleja, **diseñada por Dios y pilotada por tu alma**. En el rarísimo caso de la posesión, es como si un **hacker** enemigo hubiera secuestrado los controles de tu mecha. Sin embargo,

el verdadero piloto —tu alma— siempre pertenece al Rey, y solo Él tiene la autoridad para expulsar al intruso.

30. **<u>Misericordia:</u> El atributo más grande de Dios**. No es simplemente perdonar; es el amor todopoderoso de Dios que se inclina para sacar a la miseria del pecado y transformarla. Si tu pecado es un pozo oscuro y profundo, la Misericordia de Dios es todo el océano que lo llena y lo desborda. Es el "indulto real" que no solo te libra de la condena, sino que te devuelve tu uniforme de gala y te organiza una fiesta.

31. **<u>Notificación Push:</u>** Es el término técnico para las alertas o mensajes que una app envía a tu móvil, incluso si no la estás usando. **Describimos la tentación como una "notificación push" del infierno**. Aparece de repente en la "pantalla" de tu mente sin que la pidas. La notificación en sí no es pecado. El pecado comienza cuando "haces clic" en ella, entretienes el pensamiento y finalmente "aceptas" la propuesta. Una habilidad clave del guardián es aprender a "deslizar para descartar" estas notificaciones sin abrirlas.

32. **<u>Ocultismo:</u>** De la palabra "oculto". Es el conjunto de prácticas que intentan manipular poderes espirituales o adivinar el futuro al margen de Dios. Incluye la brujería, la hechicería, la adivinación (tarot, ouija, astrología), la santería, el espiritismo, etc. **Es llamar a propósito a los "números de teléfono" del cuartel general enemigo**. Es una violación directa del Primer Mandamiento y una de las puertas más anchas que se le pueden abrir al mal.

33. **<u>Okupa:</u>** Alguien que ocupa ilegalmente una propiedad que no le pertenece. Esta es una descripción perfecta de un demonio en un caso de posesión. Es un **okupa espiritual**. Nunca es el dueño legítimo del Templo del cuerpo. Entra sin derecho a través de las "puertas abiertas" del pecado y se atrinchera por la fuerza. El exorcismo es, fundamentalmente**, la orden de desalojo legal que el verdadero Propietario (Cristo), a través de su administrador (la Iglesia)**, le sirve al okupa para devolver la propiedad a su habitante legítimo.

34. **Playbook:** Término del deporte que se refiere al libro de jugadas y estrategias de un equipo. En este libro, nos referimos al **"playbook" del enemigo** para describir su conjunto de tácticas, que son limitadas y predecibles. Aunque parezca astuto, el diablo casi siempre repite las mismas jugadas basadas en mentiras (orgullo, desesperación, engaño). Conocer su playbook permite a un guardián anticipar sus movimientos y no ser sorprendido, igual que una buena defensa que ha estudiado las estrategias de su oponente.

35. **Pecado**: No es solo **"romper una regla". Es una herida autoinfligida en tu relación con Dios.** Es una "brecha" en la muralla de tu alma. Es decirle al Rey: "En esta área de mi vida, no mandas tú, mando yo". El **pecado mortal** es una ruptura total y consciente de la relación, un acto de deserción. El **pecado venial** es un acto de deslealtad menor, una herida que, si no se cura, puede infectarse y debilitar al guardián.

36. **Post:** Una publicación de contenido (texto, foto, video) en una plataforma social. Un post es, por naturaleza, a menudo casual, público y temporal. **Usamos esta analogía para advertir contra la mentalidad del mundo que trata el acto sexual —un pacto sagrado de entrega total— como si fuera un simple "post" casual que puede ser borrado después**. Un guardián sabe que las uniones sagradas son pactos, no posts, y que sus consecuencias espirituales y emocionales son permanentes.

37. **Power Up:** En los videojuegos, un objeto que recoges y que te da un aumento de poder, una habilidad especial o te restaura la salud. Usamos "power up" para describir la infusión instantánea de gracia que recibes en los Sacramentos. La Confesión es un "health power up" que te restaura por completo después de haber recibido daño del pecado. **La Sagrada Eucaristía es el power up definitivo: no es un simple aumento temporal, es una fusión real con la Fuente misma de todo poder, Jesucristo**.

38. **Repetidor:** Un dispositivo electrónico que recibe una señal y la retransmite con más fuerza para ampliar su alcance. Un lugar infestado o un objeto maldito

puede actuar como un **repetidor espiritual** para el enemigo. El lugar en sí no es la fuente de la "señal" maligna, pero debido a pecados pasados, se convierte en un punto que amplifica la "estática" de miedo, opresión y desorden del enemigo en esa área. **La presencia de la Iglesia y sus bendiciones actúan para "interferir" esta señal y consagrar de nuevo el territorio a Cristo.**

39. **Sacramental: Una herramienta del kit de la Iglesia**. Un objeto bendecido (rosario, escapulario) o una acción sagrada (hacer la señal de la cruz) que nos ayuda a abrirnos a la gracia de Dios y nos recuerda su protección. La diferencia con un amuleto es la misma que hay entre la bandera de tu país y un trapo de colores. La bandera no tiene poder en sí misma, pero representa todo el poder y el honor de tu nación e inspira lealtad.

40. **Sacramento:** Un **"apretón de manos divino"**. Un signo externo y físico (agua, pan, vino, aceite) instituido por Jesucristo, a través del cual Él nos garantiza un encuentro real y nos comunica su gracia invisible. Dios se hace tangible para nosotros porque sabe que somos seres de cuerpo y alma.

41. **Selfie:** Una fotografía que uno se toma a sí mismo, un acto centrado en el yo. Usamos la analogía de la selfie para describir un acto espiritual o físico que se encierra en sí mismo de forma egoísta. **En la batalla por la pureza, la masturbación es como "tener una conversación profunda con una selfie": es un monólogo que imita la comunión**. Toma el lenguaje del amor, que es un don dirigido hacia otro, y lo pervierte en un bucle de auto-gratificación.

42. **Soberbia:** El **"virus original"**. El pecado raíz del que nacen todos los demás. **Es la actitud de Lucifer, el "Non serviam" (No serviré)**. Es el deseo de ser tu propio dios, de poner tu yo en el centro del universo. Es la puerta de entrada de la oscuridad en la creación y en nuestro propio corazón. Su antídoto es la virtud de la humildad.

43. **Software:** El conjunto de programas e instrucciones que hacen que una computadora funcione. En nuestras analogías, la creación de Dios y su ley moral son el software divino, el programa original y perfecto. El pecado introdujo un "bug" en este software. El enemigo, como un hacker, intenta constantemente instalarte "malware" (programas maliciosos). La Gracia de Dios, a través de los Sacramentos, es el antivirus y la actualización de seguridad que te protege y restaura el software de tu alma a su glorioso diseño original.

44. **Spam:** Mensajes no deseados, comúnmente llamados "correo basura", que se envían de forma masiva por internet. Las tentaciones del enemigo son **spam espiritual**. Son mensajes que prometen grandes recompensas (placer, poder, popularidad), pero que en realidad son enlaces engañosos diseñados para instalar "malware" (pecado) en tu alma. Obstruyen tu "bandeja de entrada" mental, distrayéndote de los mensajes importantes que debes recibir del Rey.

45. **Spammer Cósmico:** Un título que le damos al enemigo. Un "spammer" es quien envía cantidades masivas de spam. **El diablo es el Spammer Cósmico** porque su táctica principal es bombardear nuestras mentes con un flujo constante de tentaciones, mentiras y acusaciones no deseadas, esperando que, por puro volumen y cansancio, acabemos haciendo clic en uno de sus enlaces maliciosos. El **"filtro de spam" de un guardián es una vida de oración y gracia**, que ayuda a detectar y descartar su correo basura.

46. **Spoiler:** Información que revela un punto clave de la trama de una historia (película, serie, libro), arruinando la sorpresa. En este libro, el **"Gran Spoiler"** es la noticia más importante y esperanzadora del universo**: Jesucristo ya ha ganado.** La batalla final ya fue librada en la Cruz y la Tumba Vacía, y la victoria es total. Conocer este spoiler no arruina la historia de nuestra vida; la llena de una confianza heroica, permitiéndonos luchar no con la ansiedad de la duda, sino con la certeza absoluta de una victoria ya asegurada.

47. **Teología: "Fe buscando entender"**. No es un estudio aburrido, es la mayor de las aventuras intelectuales: usar la mente que Dios nos ha dado para

explorar el misterio infinito de quién es Él, cómo nos ama y cuál es su plan maestro para el universo. Es el **"estudio de la estrategia del Rey"**.

48. **<u>Virtud:</u>** El **"músculo del alma"**. Un hábito bueno y firme que nos inclina a hacer el bien. Si el pecado es un hábito que nos esclaviza, la virtud es un hábito que nos hace libres y fuertes. Las virtudes son las cualidades de un héroe del Reino: la Fe, la Esperanza, la Caridad (las teologales), la Prudencia, la Justicia, la Fortaleza y la Templanza (las cardinales). Son la armadura interior del guardián.

MENSAJE DEL PAPA FRANCISCO

"... **Vigilar para custodiar nuestro corazón y entender qué sucede dentro**. Se trata de la disposición del alma de los cristianos que esperan la venida final del Señor; pero se puede entender también como la actitud ordinaria que hay que tener en la conducta de vida, de forma que nuestras buenas decisiones, realizadas a veces después de un arduo discernimiento, puedan proseguir de forma perseverante y coherente y dar fruto.

Si falta la vigilancia, es muy fuerte, como decíamos, el riesgo de que se pierda todo. No se trata de un peligro de tipo psicológico, sino de tipo espiritual, una verdadera insidia del espíritu malo. Este, de hecho, espera precisamente el momento en el que estamos demasiado seguros de nosotros mismos, ahí está el peligro: "Estoy seguro de mí mismo, he ganado, ahora estoy bien..." este es el momento que el espíritu malo espera, cuando todo va bien, cuando las cosas van "como la seda" y tenemos, como se dice, "el viento en popa". De hecho, en la pequeña parábola evangélica que hemos escuchado, se dice que el espíritu impuro, cuando vuelve a la casa de la que había salido, «la encuentra desocupada, barrida y en orden» (Mt 12,44). Todo está bien, todo está en orden, pero ¿el dueño de la casa dónde está? No está. No hay nadie que la vigile y que la custodie. Este es el problema. El dueño de la casa no está, ha salido, se ha distraído; o está en casa, pero dormido, y por tanto es como si no estuviera. No está vigilante, no está atento, porque está demasiado seguro de sí y ha perdido la humildad de custodiar el propio corazón. Debemos custodiar siempre nuestra casa, nuestro corazón y no estar distraídos... porque aquí está el problema, como decía la parábola.

Entonces, el espíritu malo puede aprovecharse y volver a esa casa. Pero el Evangelio dice que no vuelve solo, sino junto a otros «siete espíritus peores que él» (v. 45). Una mala compañía, una banda de delincuentes. Pero —nos preguntamos— ¿cómo es posible que puedan entrar tranquilos? ¿Por qué el dueño no se da cuenta? ¿No había sido tan bueno al hacer el discernimiento y a expulsarlos? ¿No había recibido también las felicitaciones de sus amigos y de los vecinos por esa casa tan hermosa y elegante, tan ordenada y limpia? Sí, pero quizá precisamente por esto se había enamorado demasiado de la casa, es decir, de sí mismo, y había dejado de esperar al Señor, de esperar la venida del Esposo; quizá por miedo a arruinar ese orden ya no acogía a nadie, no invitaba a los pobres, a los sin techo, esos que molestan… Una cosa es cierta: aquí se trata del orgullo malo, la presunción de ser justos, de ser buenos, de ser correctos. Muchas veces oímos decir: "Sí, yo era malo antes, me convertí y ahora, ahora la casa está en orden gracias a Dios, y estás tranquilo por esto…". **Cuando confiamos demasiado en nosotros mismos y no en la gracia de Dios, entonces el Maligno encuentra la puerta abierta. Entonces organiza la expedición y toma posesión de esa casa. Y Jesús concluye: «Y el final de aquel hombre viene a ser peor que el principio»** (v. 45) ..."

MENSAJE FINAL: LA LUZ VENCE

Mensaje Final para ti, Guardián

A ti, que has llegado hasta la última palabra de este manual:

El entrenamiento ha terminado. El mapa ha sido desplegado ante tus ojos. Las armas te han sido presentadas y la naturaleza del enemigo ha sido expuesta a la luz. El libro se cierra, pero tu verdadera historia apenas comienza.

Quiero que sepas algo. Este libro no fue escrito para que te convirtieras en un experto en demonología. Fue escrito para que te convirtieras en un experto en Jesucristo. No fue escrito para que te obsesionaras con las sombras, sino para que te enamoraras de la Luz que ninguna sombra puede vencer.

La batalla más importante no está en estas páginas. Está en el pasillo de tu colegio. En la conversación de tu grupo de amigos. En la pantalla de tu móvil a medianoche y en el silencio de tu habitación cuando te enfrentas a tus propias debilidades. Es ahí donde se libra el verdadero combate.

Y es ahí donde tú estás llamado a ser un héroe.

No subestimes el poder que se te ha confiado. No creas ni por un segundo que eres insignificante. Cada vez que eliges la pureza en un mundo que te grita que te entregues al placer fácil; cada vez que eliges la verdad cuando una mentira te haría la vida más sencilla; cada vez que defiendes a alguien que no puede defenderse; cada vez que te arrodillas a rezar cuando el cansancio te pide que te rindas; cada vez que te levantas después de una caída y corres al sacramento de la Confesión, no estás solo realizando un acto piadoso. Estás desatando una onda expansiva de poder celestial. Estás haciendo temblar los cimientos del infierno.

Eres la respuesta de Dios a la oscuridad de tu generación. Él no tiene un "plan B". El plan eres tú. Tu "sí" a Dios, en la sencillez de tu día a día, es la luz que puede guiar a un amigo perdido, sanar una herida en tu familia y cambiar un rincón del mundo.

Habrá días difíciles. Habrá momentos en que te sientas débil, en que la armadura te pese y la victoria parezca lejana. En esos momentos, recuerda esto: no luchas solo. El Rey del Universo lucha a tu lado. Su Madre Santísima te cubre con su manto. Y todo el ejército de los santos, los veteranos que ya ganaron esta misma guerra, te aclaman desde las gradas del Cielo, esperando el momento de celebrar tu victoria. Recuerda a tus padres, líderes o hermanos en la Iglesia que Cristo ha puesto a tu lado para librar tu combate.

Así que ve ahora. Toma todo lo que has aprendido y vívelo. No con miedo, sino con una santa y audaz confianza. Sé terrible para el enemigo y un faro de esperanza para todos los que te rodean.

El mundo necesita tu luz.

Con esperanza en tu victoria,

HolSpiNet